ルポ　スマホ育児が子どもを壊す

任性出版

智慧型手機養大的孩子

日本紀實作家，
長期關注文化、歷史及社會現象
石井光太——著
李友君——譯

200名托兒所至國高中教師現場直擊：

手機陪伴長大的孩子，已經或即將成為怎樣的大人？

家長、企業主管必讀。

CONTENTS

第3章 同班好幾年，不記得同學的名字 175

第4章 沒有夢想，只想當打工仔 247

各大親職專家、資深教育人士聯合推薦

- 利眾公關集團董事長、政大廣告系兼任教授／嚴曉翠
- 虎尾科大語言中心教授、「文科教授跨域國文學習筆記」粉專版主／王文仁
- 「我的『思』房筆記──教學、閱讀、Fun」粉專版主／蔡思怡
- 國立臺灣師範大學幼兒與家庭科學學系教授／張鑑如
- 親職教育講師／魏瑋志（澤爸）

推薦序一

Z世代及他們的孩子將是國安議題，誰可以無關？

利眾公關集團董事長、政大廣告系兼任教授／嚴曉翠

我認為，這本書的閱讀順序可以從〈後記〉先看起，因為作者這段話是全書核心：「孩子的成長就像堆疊城堡石牆。假如在初期階段出現偏移，石牆就會傾斜或中途崩塌。我們需要依序掌握各個年代的生活環境和孩子們承擔的問題，如此才能看清他們的困難是怎麼逐步加劇的。」

二〇〇四年起，我開始到大學擔任大四選修課程教師，迄今沒有間斷。二〇二四年的課堂上，我遇到二十年來從未發生過的兩件事。

本書談到現在學生不上學的比例逐年增加，可能是心理疾病、人際關係壓力等原因導致，過去我只有耳聞，但就在這年遇到了。一位外交系男同學，剛開學時很認真與我互動，作業表現也不錯，但幾週後他突然沒交作業，接著沒來上課。我以各種方式找人，學生則告訴我，他因憂鬱症發作，最近也沒出現在外交系的課堂。

於是我寫信給他，沒提憂鬱症的事，但誠懇的訴說，希望他還是能每週到教室上課，作業、報告這些都不是問題。後來，他每週都回到教室，我讓他坐在第一排跟我互動，他以優異表現完成了他很喜歡的一份報告，但最終退選了這門課，以免影響同組同學。期末前他來告訴我，他在學校附近開了間火鍋店，歡迎我開幕之後去享用。

除此之外，本書中還提及，現在的孩子常有「誇我症候群」，希望做任何事情都能獲得別人（尤其是家長、老師）認可，若沒有被誇獎，就會直接發脾氣。這讓我想到接下來的故事。

與前述同一個班級，到了學期中，有一組四位學生的其中兩人棄修這門課。這是過去沒有發生過的事。而且這門課很重視分組報告，少了兩個人，會造成另外兩人很大的負擔。

我找了剩下的兩位同學，詢問發生什麼事？學生告訴我，棄修的其中一位同學認為，老師沒有看見她們的努力，每次報告時，老師都比較嘉許其他組的表現，因為辛苦沒有獲得回報，所以要大家一起棄修。

我接著問她們為何沒有一起棄修？同學說，她覺得這堂課雖然辛苦，但收穫也很多，不用為了老師稱讚與否而放棄。後來這個兩人組雖然辛苦，但我也陪著她們完成這一門課。感人的是，這位理智的同學後來還到Dcard（按：社群網站，主要開放給臺灣與國外部分大學生註冊）宣傳，建議學弟妹們應該來修課。

二〇二四年，除了課堂上遇到的考驗，我還發現公司裡接受心理諮商，或在身心科看診的年輕同事不只一、兩人。所以，我請人資主管與外部專業單位安排免費諮商服務，針對中階帶人主管也設計了心理專業知識課程。**我提醒主管們，我們每年都帶領為數不少的社會新鮮人，重要性僅次於他們的父母，我們是有社會責任的，並不僅是工作關係。**

就如本書所說，**孩子變了，且變化速度已經不是以十年為一個階段，而是每年都不同。**智慧型手機跟社群媒體建構的線上、線下人際關係，正在改變Z世代（按：出生年分約在一九九〇年代中後期至二〇一〇年代初期）及之後的孩子們。

澳洲在二〇二四年通過法案，成為全世界第一個頒布十六歲以下青少年禁用社群媒體的國家，這說明此問題的嚴重性已是全球皆然，並不僅是個案。

如果不想讓書中這些聽來像恐怖片劇情的故事成為社會常態，本書作者和《失控的焦慮世代》（*The Anxious Generation*）作者海德特（Jonathan Haidt）都提出，**父母不要用手機教養孩子，要讓自己跟孩子都勇敢的探索真實環境，在線下世界好好的奔跑遊玩，不要拘禁在手機螢幕背後的世界**。

其實，Z世代擁有高超的資訊處理能力、全球視野，我們應該認可他們的能力，準確看清當代社會所欠缺的東西，並有意識的彌補，讓他們培育出成為自立的成人、生活在多元社會中所需的綜合能力。

Z世代及他們所生養的孩子，將是我們共同的未來，與Z世代有各種不同連結關係的我們（每個人），都有責任讓他們不會崩塌。唯有他們健康茁壯，我們才能迎來共同美好的未來。

推薦序二

「AI原住民」來了！我們準備好了嗎？

虎尾科大語言中心教授、
「文科教授跨域國文學習筆記」粉專版主／王文仁

在大學講臺上，我時常思考臺下學生與自己成長時代的差異。過去，我們依賴紙本書籍與黑板教學，如今的大學生則在智慧型手機與AI（Artificial Intelligence，人工智慧）工具的陪伴下長大。他們的學習模式、社交習慣與價值觀，與我們截然不同。比他們年紀更小的「AI原住民」世代已進入中小學，為教育與社會帶來前所未有的挑戰。

日本紀實作家石井光太訪問了兩百多位教師，在本書中揭示這個新興世代的成長困境。他們習慣透過短影音與社群獲取新知，快速瀏覽、大量吸收，卻缺乏深入思考的耐性。根據研究，**學生的專注時間已從十年前的十二分鐘，縮短至五分鐘，這直接影響了閱讀理解與深度思考能力**。碎片化資訊削弱專注力，使學生難以辨別訊息真偽，整體讀寫能力也顯得薄弱。

許多學生認為上學很無聊，甚至覺得沒必要，長時間沉溺於網路，與現實世界漸行漸遠。他們的社交方式亦受到影響，即便身處同一空間，也傾向以訊息溝通，導致口語表達能力下降，人際關係變得脆弱。許多孩子坦言，習慣「即時回應」的網路環境後，面對現實世界的沉默或空白便感到不安，甚至視社交為負擔。

此外，這個世代的孩子較少面對挫折。他們在過度保護的環境中成長，缺乏競爭與失敗的經驗，對未來感到迷茫，甚至害怕挑戰。部分孩子認為「只要爆紅就好」，寧願經營網路形象，也不願投入長期的知識與技能提升。各級學校的休、退學率因此大幅增加。

新冠疫情則進一步加劇了這些變化。長期居家學習使孩子們與外界的聯繫更加疏遠，網路霸凌問題日益嚴重，成為青少年憂鬱、自殘甚至輕生的主因之一。同時，手機成癮問題惡化，「機不離身」影響睡眠與學習，也削弱情緒穩定性。教師們發現，學生的衝動控制力下降，遇到困難時更易選擇放棄，這與社群媒體的「即時滿足」心理密切相關。

臺灣的教育現場同樣面臨類似挑戰。我在課堂上發現學生經常無法專注，總是偷看手機，被點名回答問題時什麼都答不出來。他們坦言，刷短影音、玩手遊課金已是日常。有時上課覺得膩了，就直接走出教室、找地方上網，內心更舒服。

面對這樣的情況，**這些年我總採取引導參與，而非一味禁止的策略**。像是在課堂中適度運用短影音或互動式學習平臺，以吸引學生注意，並安排小組討論。此外，我也會**設計需要網路搜尋或使用AI工具的課堂練習，反過來讓學生理解數位資訊與媒介的影響，培養實作能力與批判性思維**。

我的想法是，**科技發展無法逆轉，但我們可以學習與孩子同行**。許多國家的教育體系已開始調整，將數位素養（digital literacy）納入課程。企業也在改變管理方式，以更彈性的工作模式迎接數位世代。家庭教育方面，單純禁止已不再可行，家長應採取適當的引導，與孩子共同制定手機與社群使用規範，鼓勵參與實體活動，使虛擬與現實生活取得平衡。

本書中，作者提出了深刻的反思。這些孩子並非刻意疏離，而是由於他們成長的環境就是如此。與其批評，不如學習與他們對話。

未來社會將由這些「AI原住民」主導，他們的價值觀與決策方式將深刻影響世界。身為教育工作者，我們應與年輕人並肩前行，讓科技成為助力，而非束縛，才能攜手打造更具包容性與創造力的未來。

推薦序三

被智慧型手機綁架的人生

「我的『思』房筆記——教學、閱讀、Fun」粉專版主／蔡思怡

我的第一支智慧型手機買於二〇〇九年。在這之前，是一個沒有KKBOX、Netflix（網飛）及Disney＋等影音串流平臺的時代，當然也沒有Wii及Switch等遊戲機。

孩子幾個月大時，我為她穿上可愛的小小比基尼、戴著大草帽，在一望無際的碧海藍天下，看一波波浪花打上沙灘。我輕輕的抱著孩子，試圖讓她的小腳丫碰到海水與沙灘，直到現在我都還記得，當她的小腳丫沾上溼溼的沙子時，癟著嘴哇哇大哭的樣子。那是她人生中，第一次跟真實世界的大海接觸，後來每次到海邊，她

總開心的咯咯笑。

幾年前，有個學生在聯絡簿上跟我分享，他前一天打了一整晚電動，虛擬的畫面好像真的一樣，超好玩！我在下課時困惑的問他：「如果是因為電動跟真的一樣而覺得好玩，那為什麼不直接玩真的？」他當下愣住，抓了抓頭髮，跟我說：「好像滿有道理的。」

後來，我下載了他著迷的手機遊戲，跟著「小老師」（這個沉迷於遊戲的學生）組團、一起對戰，體驗放大絕時殲滅敵人的快感。此外，下課時我也拉著他到教室外一起「玩」。慢慢的，我的「小老師」深受他的雷隊友（按：指拖累團隊戰力或言行舉止失當的隊友）所苦，他才逐漸淡出二次元，並且發現，只有真實世界裡才能看得到、聽得到、聞得到、吃得到，也會覺得冷、覺得痛，並感受到熱血沸騰，真的比遊戲好玩很多！

大家一定都有這樣的經驗：到餐廳吃飯時，看到爸爸、媽媽目不轉睛的盯著手機，小孩也盯著平板。育兒的確辛苦，因此有些家長會說：「我只是想好好吃頓飯。」然而，轉移小孩注意力的方法很多，比如繪本、玩具、跟小孩介紹食材與餐廳擺設等。**當孩子從小就被平板豢養，也一路看爸媽盯著手機螢幕成長，長大後要**

怎麼將手機或平板從生命中剝離？那等於是硬生生要孩子跟從小到大最好的朋友分開啊！

因此，有沒有一種可能性：**孩子之所以選擇手機，是因為他們一路被智慧型手機養大，根本不知道有其他的選項？**或是，父母之所以選擇手機育兒，是因為他們不知道這對孩子未來的人格影響有多深？甚至是對整體社會氛圍的塑造，會產生多麼不容忽視的力量？

《智慧型手機養大的孩子》提及了這群數位原住民的「後來」：沉靜鬧事、體力不佳、感覺遲鈍、骨折率提高、想像力薄弱、無法學會自我認同、拒學等。出社會後，孩子們繼續實行躺平主義，拒絕被老闆管束、要求，成了啃老族（按：指長期依賴父母經濟支援或居住於父母住所中的成年人）。本書血淋淋的描述了大家司空見慣、卻尚未意識到嚴重性的社會現況。

智慧型手機的問世是為了便利生活，而不是讓使用者被手機綁架。知曉並面對問題，才有機會解套。讓我們閱讀這本書，踏出適應科技改革時代的第一步吧！

前言
坐在傳統教室的新人類

幾年前，我到關東地區（按：指日本本州中部偏東瀕太平洋的地區）一間公立國小採訪時，遇上這樣的光景。

當時，小學四年級的班上正在上國語課，四十人有五人缺席。近年來，日本的國小約有一成的學童不上學或正在考慮在家自學，這個班級也一樣。

我和五十幾歲的男性副校長一起在教室後面觀摩。講臺上，三十幾歲的男老師正朗讀著國語教科書。不久，他指名其中一個男學生回答問題，對方卻完全答錯。老師反問：「你為什麼這樣想？」男孩不知呢喃著什麼，突然一屁股坐到地板上。

老師問：「你還好嗎？」男孩只應了聲「嗯」就沉默不語。老師點頭說「是嗎」，要求另一個孩子回答後，便淡然的開始寫板書。同學們默默抄起筆記，而剛才答錯的男孩仍然坐在地板上。

放著那個男孩不管好嗎？為什麼那個孩子要坐在地板上？後來我問一旁的副校長，他是否有身心障礙，結果也並非如此。

幾分鐘後，又發生了一件令人難以置信的事：另一個男孩霍然起身，一言不發的離開教室。

就算是急著上廁所，通常也應該告訴老師一聲，而不是直接走出教室。正當我驚愕之際，又有一個男孩起身，走出門外。

老師和周圍的孩子們肯定都能察覺到這兩人突然離席，卻沒有理會，而是繼續上著課。副校長一邊觀摩，一邊點頭，並沒有關心不見的孩子們，彷彿習以為常。我來回看著坐在地板上一聲不吭的男孩，和兩張空著的桌子，實在摸不著頭緒。這個狀態一直維持到下課鈴聲響起。

課程結束後，我詢問副校長那些男孩古怪的舉動是怎麼回事。副校長苦笑道：「那個班上有不少類似的孩子。我們小的時候，班上不是都會有兩、三個喧嘩或鬧事的孩子嗎？現在大家反而會扮演乖寶寶，**惹事的學生減少了，取而代之的是突然從教室消失，或是做出讓人搞不太懂的行為。**」

聽到這句話，我還是不太能理解。消失是什麼意思？

「就像你剛才看到的一樣，孩子們會默默離開教室。如果問起原因，他們會說教室的『壓力』太大。還有的小朋友會回答看書看累了，或是喘不過氣。他們沒辦法耐心的坐下來聽課，精神上吃不消，於是就走出教室。這些孩子大都會在校內閒晃，但其中也有人會直接回家，真讓人擔心會不會遇到意外。」

我接著問副校長，讓人搞不太懂的行為是指什麼，他回答：「孩子們會坐在教室的地板上或趴在桌上，還有的孩子會一直左右搖頭，但並不會反抗老師。**他們想針對課程或其他同學表示什麼，卻無法好好用言語表達，所以會故意做出奇怪舉動吸引人注意**，就像剛才突然倒在地板上的男孩。從孩子們的角度來看，應該是打算傳達某些事情，但對我們而言，看起來則意義不明。就算問他怎麼了，也說不出口。有些老師說自己在這樣的班級中上課，會『害怕往後看』。一想到每次回頭，孩子就會減少，或躺在地上，就覺得坐立難安。」

副校長表示，近年來這樣的現象不只出現在小學，國中和高中也看得到，稱為「沉靜學級崩壞」（按：學級崩壞指一種班級集體教育的機能持續失效，用通常方法無法解決的狀態）或「沉靜鬧事」。

這不是部分學校的特殊案例。

其實，有統計資料證明，全日本類似的現象正在增加。其中之一就是比較一九九八年度和二〇一九年度班級狀況的論文〈「班級未能充分發揮功能之狀況」（即「學級崩壞」）的實況調查與應當克服的課題〉（增田修治、井上惠子，收錄於《白梅學園大學暨短期大學教職課程研究》第三期）。

這份調查指出，認為學校裡「裝乖的孩子有所增加」的老師，從一九九八年的三五．四%，大幅增加為二〇一九年的四八．五%。另外，「上課時未經允許就離開教室」的情況也從二三．五%增加到二八%。像以前那樣，喧嘩一陣子才離開的孩子變少了，靜靜消失的孩子則增加許多。

扮演乖寶寶的孩子們引發了沉靜鬧事，而老師們對這樣的現象幾乎沒有應變之道。所以，他們只能視若無睹，說服自己那是孩子的個性導致，默默的繼續上課。

直至今日，我以報導文學作家的身分，撰寫以孩子為主題的報導或兒童讀物。我不但親自前往教育現場取材，每年還舉辦三十場演講和研討會。

以我的經驗來看，雖然孩子們的本質並沒有改變，成長環境和他們展現出的言行卻和以前大相逕庭。

十幾年前，大學教職員間就開始出現以下的聲音：

我們大學在考季結束後很辛苦。現在的學生溝通能力拙劣，沒辦法主動與人相處、建立關係和互相交換資訊。所以，公布放榜之後，必須在四月的入學典禮前舉辦好幾場迎新活動，教導新生如何結交朋友、加入社團等。

除此之外，開學之後，每週還會再教授一次課堂聽講方法、報告提交方法及參考書購買方法。但即使如此，仍不斷出現上課途中離開教室或趴在桌上的學生。問他們是不是覺得課程很無聊，結果也不是如此，他們的回答多半是「待在教室好累」或「人好多，看得眼睛都花了」等。總覺得現在的學生好像變了。

這所大學為了防止學生不上學，頻頻與父母舉行三方會談、教學觀摩及其他相關活動。近年來，排名越後面的大學，這種情況就越常見。

對中、高齡層人士來說，或許一時間難以相信，不過，曾在小學引發沉靜學級崩壞的孩子們進入大學之後，必然會發生這樣的情況。

同樣的情況似乎也開始出現在職場、那些被企業稱為「Z世代」的新進員工身上。公司招考時，父母會陪同面試，錄取要徵求父母同意，且進入公司前後都悉心照顧。

不過，現在這一代十幾歲以下的孩子們比Z世代更年輕，被稱為「AI原住民」。他們從幼年時期就拿著手機，由數位原住民父母養育，父母會將部分育兒或教育工作交由AI負責。到了青春期以後，他們就在虛擬世界中交友或談戀愛。這樣的孩子中，出現不上學、發展障礙、精神疾病、自殺、校園暴力等嚴重問題的人數急劇增加。

近年來我和父母一輩的人見面時，經常可以聽到他們悲痛的表示自己不懂孩子。此外，對剛上大學的新生或初入社會的新鮮人，校方或企業同樣的心聲也逐年增加。

確實，我們這些大人就算知道AI的存在，對於AI如何影響孩童人格發展，了解卻是微乎其微。說不定，現在的孩子已經「進化」到完全不適用以往的常識。這也代表，現在中、高齡者與Z世代之間所感受到的代溝，是自己和社會上AI原住民的未來寫照。真正的「新型人類」將在未來出現。

要了解這些孩子的內心，就需要將鎂光燈聚焦在他們的家庭或學校成長環境。

為了實現上述概念，我獨力針對從托兒所到大學、超過兩百名的教育相關人士，進行訪談和問卷調查。

採訪對象中，托兒所、幼稚園（按：日本托兒所與幼稚園由不同單位管轄，臺灣則統一改制為幼兒園。詳見第八十八頁）到高中職，各階段訪問約三十至五十位教職員，任職於大學的受訪者約有十五名；年齡層方面，四十歲以上的資深人士約占七成，二十至三十幾歲的新手則有三成。這些人在最接近孩子的前線觀察他們，深切感受這個問題，他們所見的孩子是什麼樣子？

接下來，我將從這些教職員的角度，描繪現代孩子實際的模樣。

京都大學專攻比較認知發展科學的明和政子教授，對於我的採訪表達出以下的看法：「**出生在數位時代的孩子，成長環境不再是原生人類曾經的居所**。我們必須理解，這與二、三十年前孩子所處的環境完全不同。」

原生人類的成長環境，是被家族或當地團體圍繞，與他人直接接觸；現在，則被數位化或後疫情時代的環境所取代。

在這種情況下成長、坐在教室裡的「新型人類」，就是本書想闡明的主題。

＊本書部分內容收錄《週刊新潮》短期集中連載報導〈新冠疫情下的兒童〉全三期（二〇二三年八月十七日第二十四期〈「手機成癮」殺害孩童心靈〉、二〇二三年八月三十一日號〈同班卻連名字都不知……〉、二〇二三年九月七日號〈害怕「體育」的孩子們〉）。

第 1 章

只會玩電動、不會真的玩

1 不知道怎麼跟真人玩

以下要介紹一名四十多歲女老師，在日本東京托兒所工作的經驗。

這名老師畢業於短期大學（按：在日本，短期大學教授家政、文學、外語、教育、保健等科目。其學習年限通常為兩年，而醫療技術、護理學科為三年）後，就以托育人員身分工作了四年左右，婚後成為全職家庭主婦。兒女成年後，前同事兼現任園長問起她的工作意願，她便重拾二十年沒接觸的托育人員一職。

這間托兒所位在車站前商店街的大樓當中，沒有庭園，出遊時必須讓孩子們搭乘「散步車」（附有柵欄的臺車），才能到附近的公園。

抵達公園，讓孩子們從散步車下來後，老師眼前出現與二十年前完全不同的光景：孩子們面無表情的僵立在公園中，一動也不動。

以她過去擔任托育人員的經驗，只要老師帶孩子們到可以玩耍的地方，孩子們就會大聲喊叫、四處奔跑，各自玩起喜歡的遊戲。有些人會互相追逐，有些人選擇在沙坑玩扮家家酒，也有人會去抓蟲子。出遊時間，即便老師呼喊著要大家回到車上，孩子們也會裝作聽不見，繼續玩樂。

然而，時隔多年她看到的孩子們則不同，僅有寥寥幾個人無精打采的走向遊樂器材，而一半以上的孩子們就只是待在原地不動，似乎不知道該做什麼。

女老師見狀，便主動邀請孩子們玩耍：「只要是喜歡的都可以玩。我們有帶球來，要不要玩這個？」孩子們不但沒有反應，甚至還有人直接表示會累而拒絕。就算牽著他們的手帶到溜滑梯去，他們也只是平淡的玩過遊戲設施，顯得興趣缺缺。

當天傍晚，這位老師在托兒所會議中談到公園的事情。園長說：「現在的孩子跟我們那個時代完全不同，他們沒有在外自由玩耍的經驗，不知道怎麼玩。假如我們教了規則，孩子們確實懂得照做，卻沒辦法自己想出新玩法，或是和其他人分享怎麼玩。所以，把孩子們帶去公園，**他們往往會非常疑惑、不知道該怎麼做**。」

以前有句俗話說：「玩耍是孩子的工作。」孩子就算沒有玩具，也會尋找掉落在公園的垃圾袋或樹枝，自行從中想出玩法。踢罐子或許就是這樣誕生的遊戲。

女老師疑惑的問：「我在公園主動提議大家玩三步躲避球（譯註：拿到球的人只能走三步的躲避球遊戲）和其他幾個遊戲。不過，每個遊戲只有兩、三個孩子會去玩，剩下的孩子並沒有嘗試做些什麼。這是為什麼？」

園長回答：「以前，就算是沒玩過三步躲避球的孩子，也會有知道規則的孩子教他怎麼玩。不過，**現在的孩子不擅長溝通，沒辦法開口請教別人玩法，或是向其他孩子介紹**。所以，要是老師沒有事先個別指導，再帶孩子們一起玩，孩子就不會輕易行動。」

換言之，現在的孩子無法靠自己的力量建立朋友圈。

經園長這麼一說，女老師不得不承認這二十年來，托育的方式完全改變。

只玩家裡玩過的遊戲

這次訪談的托兒所和幼稚園老師，大都異口同聲的說：「**不曉得怎麼玩的孩子增加了**。」

其實，玩耍原本就沒有形式。雖然有流行全國的基礎遊戲，但對以前的孩子來說，無論是在公園或馬路上，只要依照自己的愛好做喜歡的事情，並從中感受到樂趣，就是一種遊戲。從這一點來看，孩子是玩耍的專家。

然而，沒辦法這樣玩的孩子正在增加當中。老師們是從哪裡感受到這一點的？以下是兩名資深老師的說法。

關東地區的五十多歲男性幼稚園園長表示：

「不擅長跟別人玩的孩子增加了。以前的孩子不管怎樣，都可以從一同玩耍的過程中感受到樂趣，所以自然會形成朋友圈，一起決定玩法，甚至玩得精疲力盡。但是，現在一個人玩的情況增加了，孩子並不會建立朋友圈，而是默默的玩著劍玉（按：日本傳統的遊戲）或積木這種可以自己玩的東西。

「現在的孩子很少有和別人玩耍的經驗，所以他們對與周圍的孩子一起做些什麼不感興趣。他們根本不知道該怎麼跟別人交往，就算老師加入，也無法打成一片。」

另一名四十多歲女性園長說：

「害怕未知遊戲的孩子變多了，他們只玩在家玩過的遊戲。當朋友帶了新玩具，或是提出要玩新遊戲時，也是默默的一動也不動。如果問他們為什麼不玩，他們通常會回答『因為我不知道怎麼玩』。他們**對新事物不感興趣，也沒有意願跟別人學**。

「我的推測是，這樣的孩子**缺乏自己尋找樂趣並享受其中的經驗**吧？懂得發現新事物的喜悅，和享受隨之而來的興奮感的孩子，會不斷想嘗試新鮮事，但沒有這種經驗的孩子，就會連看都不看一眼。」

不只這兩位資深人員，還有許多老師也都指出，對玩耍變得消極的孩子正在增加。或許，一般人對於玩耍的觀念和價值觀正在變化。

玩耍是出社會的暖身運動

孩子們之間發生這種現象的主要原因是什麼？老師們一致指出，孩子從遊玩中獲得的體驗正在減少，或有所變化。

而在思考這個問題之前，我們要先了解玩耍是什麼。以前孩子的玩耍帶有主體性，而且自由度高。住在附近的孩子們會聚集在空地，形成一個團體，在聊天的同時，做喜歡或看起來有趣的事。

慶應義塾大學專攻發展心理學的今井睦美教授，在《學習是什麼？》（中文書名暫譯）中，介紹了美國研究人員提出的「玩耍五大原則」：

- 玩耍一定要讓人開心。
- 玩耍本身就是目的，不能有其他意圖（比如為了閱讀文字或學英語）。
- 玩耍必須是遊玩者自發的選擇。
- 玩耍必須讓遊玩者主動參與。若是「被允許」，就不算是玩耍。
- 玩耍會脫離現實，就像表演一樣。孩子要在「扮演」的情況下遊玩。

電影或漫畫中描繪昭和（譯註：日本昭和天皇所使用的年號，始於一九二六年十二月二十五日，終於一九八九年一月七日）孩童玩耍的方式：他們不會在大人們的監視下，遵循既定的遊戲規則玩耍，而是會遠離大人的目光，與鄰居各式各樣的孩子相聚或離別，化身為英雄或小偷追逐、扮演母親或公主玩扮家家酒。鬼抓人或警察抓小偷就是在模仿中誕生的遊戲。

這種玩耍不僅止於單純的娛樂，還能讓孩子們生活所需的能力全面成長。建立人際關係、創造的喜悅、對於未知事物的好奇心、獲得夥伴接納的安全感、互助的美妙……從這一點來看，**自由玩耍可以說是為了生活於社會的暖身運動**。

大人優先社會，奪走孩子的空間

然而，這次我採訪的老師們指出，這十幾年來禁止自由玩耍的風潮增強了。他們提到，從昭和時代起，日本的原野或空地就隨著經濟發展減少，於是孩子們玩耍的地方縮小了。即使如此，孩子們也沒有喪失玩耍的意願，沒有森林就在集合住宅區玩捉迷藏，公園禁止打球就在停車場玩。

不過，現在就連這樣的遊戲也受到管制。

關東地區的男性園長說：

「現在是整個社會嚴格禁止孩子們自由行動的時代。就算父母難得帶孩子去公園，也會斥責孩子『吵死了』或『危險』，並限制他們的行動範圍，甚至禁止孩子進入公寓停車場或逃生梯。

「可憐的是有小孩的父母。一旦讓兒女自由活動，公眾就會遷怒父母，例如為什麼不讓孩子規矩點、為什麼沒有好好管教等。所以，現在父母也不敢放孩子自由。」

禁止孩子們自由行動的不只是玩耍的地方。我們經常可以在電車或公車上看到，一旦嬰兒哭泣，年輕父母顧慮周遭的眼光而低頭道歉，或半途就逃下車。另外，父母在百貨公司大聲責罵喧鬧的幼兒，也是司空見慣的光景。

此外，甚至還有公寓禁止住戶在兒童之日懸掛鯉魚旗，因為其隨風飄揚的聲音，會打擾到其他居民（譯註：兒童之日是日本國定假日，每年的五月五日會沿襲傳統風俗懸掛鯉魚旗慶祝）。

我曾周遊世界各國，相比之下，日本社會對大人必須讓孩子保持安靜，給予非常大的壓力。不論是哺乳年齡的嬰兒哭泣、在百貨公司看到新玩具而激動不已的幼兒，甚至是慶祝兒童之日，都是極其自然的事情，卻讓許多人感到不悅。

為什麼會發生這種事？我們可以明確的說，大人已經失去了精神上的餘裕。

如果每個人都保持輕鬆的心情，就能以欣慰的態度看待孩子們玩得開心的模樣。然而，一旦眼前要處理的事情變多，就會將焦躁的情緒發洩到孩子身上。

之所以演變成這種情況，是這幾十年來的社會變遷所導致。社經地位的懸殊差距，導致成年人缺乏輕鬆生活的餘裕，家長的監督、教育之責不斷受到質疑，甚至將遵守法規的觀念強加在孩子身上。此外，高齡化現象，也導致老人逐漸成為比孩子優先的對象。

與其說是單一原因造成，不如說是多種因素複合，形成「大人優先社會」，而非孩子優先，最終奪走孩子們神聖的自由玩耍機會。

2

對真實事物的感受很遲鈍

由於大人優先社會的壓力，孩子們不能在公園、停車場及馬路自由玩耍。因此，每當托兒所或幼稚園放學後，父母就必須盡快帶孩子回家。

關東地區一名四十多歲的幼稚園女老師指出：

「現在的家長相當在意周圍的眼光。他們與其他父母的接觸不多，接走孩子後也會直接返家，而不是去公園和超市。

「其實，家長也希望孩子能和朋友們一起在幼稚園玩耍，或是順道帶孩子到公園。但是，讓小孩在戶外活動，不只是孩子，就連允許這件事的父母都會遭到批評。

「讓孩童自由活動的父母，往往被視為放任小孩的自私家長。因此，大多數人選擇匆匆忙忙帶孩子回家。但由於家裡狹窄，獨生子或兩個兄弟姊妹的情況居多，最後往往只能讓孩子用智慧型手機玩遊戲或看影片。」

從父母的角度來看，假如不能讓孩子在公園玩耍，當然會希望孩子至少能在家中悠閒享受娛樂，於是就選擇給孩子電玩或平板這些設備。

其實，對於年輕父母而言，幾萬日圓的電玩主機或幾千日圓的遊戲軟體並不便宜。即使如此，為了討孩子歡心，或是在忙碌日程中省下陪伴孩子的時間，還是得調整家中財務來買東西給孩子。

雖然老師對家長的感受表示一定程度的理解，但他們也指出，電玩作為一種商品，對孩子成長的幫助有限。該名老師繼續說道：

「我也知道市售的電玩很有趣，因為我孩子也很沉迷。但是，電玩和實體遊戲不同，終究只是按照大人編出的故事在玩，無法獲得生活所需的多種經驗。

「比如與年長者交朋友的樂趣、一起打造祕密基地所獲得的精神安全感，或是與幾個朋友笑到肚子痛，並覺得『有朋友真好』等體驗，就無法透過電玩得到。這樣一來，孩子對與人一起進行戶外活動，就會不再感興趣。」

我不認為所有電玩都是有害的。近年來，許多電玩製作得非常巧妙，既有感動，也添加了許多知性的內容。

但是，**孩子透過遊戲和自由玩耍所獲得的，是兩件截然不同的事**。如果孩子們停止玩耍，完全沉迷於打電動，對孩子產生的影響非常巨大。

該名老師指出，電玩的影響越來越大，不知道怎麼結交朋友、在現實中如何玩，或是對玩耍不感興趣的孩子正在增加。從上一節提到呆立在公園的孩子們，就能看出這一點。

關於電玩，大批老師指出玩過頭會導致感覺麻痺。曾有老師表示：

「我覺得，**只玩電動的孩子，對真實事物的感受正在變得遲鈍**。最近的電玩功能強大又刺激，跟以前的任天堂紅白機完全不同。

「一旦習慣這種強烈的刺激，就再也無法感受與大自然互動或與朋友玩耍時經歷的微小感動。說得極端點，就是體會不到與別人在外遊玩的意義。就算我們邀兩、三歲小孩出去玩，對方通常也會說：『我不要，打電動就好了。』」

電玩是由大企業投入龐大的資金制定玩法的娛樂，乍看之下具有能動性（按：在給定環境中行動的能力），其實只不過是照著大人的計畫在玩。而且，遊玩期間腦內會釋放大量的多巴胺，讓人處於現實中嘗不到的興奮狀態。

要是每天玩上數個小時，必然會麻痺感受，讓人無法滿足於微小的刺激。

除了對電玩的擔憂，也有人指出手機或平板的不良影響更巨大。另一名關西地區（按：日本本州中西部地區）三十多歲的女老師表示：

「現在流行的短影音，充滿了比電玩還要奇特的刺激。激烈的聲音或影像，在幾秒到幾十秒內擴散，且可以無限次重複觀看。

「影片內容既沒有故事也沒有感動，就只是提供令人震驚的畫面。我無法想像一個孩子在短時間內看了幾十支，甚至幾百支短影音後，心靈會發生什麼樣的變化。」

這名老師感嘆，現在的孩子感受不到發現四葉草時的感動，或是在河邊打水漂，石頭在水面上比朋友多彈跳一次時的喜悅。

電玩裡什麼都不怕，現實中卻嚇到哭

以下是某間幼稚園曾發生過的事情：

該幼稚園要舉辦成果發表會，老師們決定利用兩週的時間，用瓦楞紙製作一隻大恐龍。

往年，孩子們會把摺紙貼在恐龍身上；這一年則是用白色瓦楞紙做出恐龍後，再用顏料著色。老師希望大家能夠一起體驗著色的樂趣。

當老師拿出顏料，說可以依照喜好畫任何想畫的東西時，孩子們的反應卻很冷淡。有些孩子稍微塗了幾筆就放棄，或是說「真麻煩」、「好像會很累」等而不想動手。

老師問他們是不是不感興趣，其中一個孩子回答：「我在家就可以玩《斯普拉遁》（*Splatoon*），不必（再畫）了。」

《斯普拉遁》是一款由任天堂開發的動作射擊遊戲，玩家可以在城市中互相射出塗料。背景音樂和節奏激昂，角色人物要一面奔跑、一面作戰，將塗料噴灑至城市各個角落和對手身上。

孩子們平常就在玩這款遊戲，所以對於將顏料塗在瓦楞紙恐龍上提不起興致。老師對此感到很驚愕。

後來，老師拿出噴漆罐想引起孩子們的注意。他認為比起使用畫筆，噴漆的樂趣更大。

然而，那個孩子拿噴漆罐的方式不對，手指沾到了一點漆。結果他就開始大哭：「我不要！好髒！老師，我要洗手！」

明明**每天都在電玩的城市中潑灑顏料，但在現實中沾到一點油漆就嚇得又哭又叫**。老師見到這副模樣很吃驚，只能慌忙的帶孩子到洗手臺洗掉顏料。

這個插曲在幼稚園間流傳，體現出許多孩童沒有經歷過自由玩耍。

3 老師也是數位原住民

就算科技再進步，為了讓孩子們健全的成長，還是需要一定程度的現實生活體驗和人際關係。

如果現在的孩子們被奪走了自由玩耍的機會，以至於行為產生某些偏差，就需要有意識的彌補他們缺乏的經驗。

而除了家庭之外，如今承擔這件事的，正是托兒所和幼稚園。假如老師關心孩子們的現況，並加以彌補，孩子們就能獲得更豐富的經驗。

然而，根據我的經驗，在教育現場卻是「說得容易，做起來很難」。

關東地區一名四十多歲的女園長說：

「現在托兒所有很多年輕老師，孩子們經常用『姐姐』這樣親暱的稱呼來叫對方。然而，這幾年來，隨著成長於智慧型手機時代的年輕人紛紛加入、成為新老師，我們開始看到一些讓人錯愕的言行舉止，老師之間有時也完全無法溝通。

「其實，二十幾歲老師的成長環境和現在的孩子沒有太大差異。他們這一代沒有地方玩耍，只能打電動和上網，所以通常沒有玩泥巴或摸蟲子的經驗，也不曾赤腳走在泥土上。還有人甚至是來到托兒所之後，才第一次接觸到小孩子。

「雖然在如今這個時代是身不由己，但是，沒有玩耍過的老師就無法教孩子玩耍，也無法了解其意義。就算較年長的老師提到想讓孩子們在公園玩水，對方的反應通常也常是冷淡的說『這有什麼好玩的』、『可是會弄溼衣服』。」

由日本獨立行政法人福祉醫療機構統計的〈二〇二〇年度「托育人才」問卷調查〉，托育設施當中，二十至二十九歲的職員比例占二九．七%。換句話說，我們可以認定**每三位就有一人是數位原住民或接近數位原住民的一代**，而這些年輕老師的感受與孩子更相近。

以下是幾個二十幾歲的老師，他們的言行舉止曾造成麻煩的案例：

● 幼稚園和托兒所的習慣，是老師和孩子共進午餐。不過，新任的老師討厭這麼做，總是將食物帶回辦公室，一手拿著手機獨自吃飯。園長出言提醒，新任老師卻說：「我在家裡也都自己用餐，不喜歡跟別人一起吃飯。請讓我在午休時擺脫那些孩子們，否則這份工作我會撐不下去。」

● 老師會在網路上搜尋孩童的父母，想藉由社群平臺等管道，掌握其工作地點或興趣等資訊。接著，他們會將這些資訊散布給其他孩童，或是在家長會上說出來。此外，也有老師會擅自用社群平臺和家長聯絡，私下來往。

● 無法跟孩子玩泥巴的老師增加了。理由是會弄髒衣服、剛在美髮店整理好的頭髮會沾到泥土、害怕蟲子、弄傷指甲等。但由於幼稚園人手不足，即使是這樣的托育人員也不得不聘用。

● 寫不出給家長的信或畢業紀念冊上的文章。詢問理由後，對方說：「我只會在手機上寫東西，寫不出長文。」

● 就職兩個月後，因為找到薪水更好的工作而提出辭呈。園長建議他為了目前負責的孩子們著想，希望他能待到該年度結束再離開，對方卻認為園長是職權騷擾，而拒絕上班。

當然，過去也會有老師做出讓人納悶的行為，但這樣的老師應該只是少數。然而，也因為新進老師與學童同為數位原住民，孩子的某些感受只有他們能理解，因此他們也能做到很多其他資深老師做不到的事情。

做家裡做不到的事

前面幾位園長擔心的是，現在這個時代孩子需要填補的空白，正是這些年輕老師所不具備的經驗。如果年輕老師和孩子們在相似的環境中長大，就一定會演變成這樣。

那麼，托兒所和幼稚園是否難以提供現代孩子所需的體驗？也不盡然如此。

其中一名園長表示：「年輕老師的經驗必然不足。既然如此，前輩們就應該好好教導後輩玩耍這件事的重要性，而不是單純嘴上說說。我們應該證明其科學根據，並將其當成園所的營運方針。假如能夠做到這一點，或許就可以改變年輕老師的心態。」

前面提到，托育設施中每三人就有一人是二十幾歲的老師，但是反過來說，三十歲以上的一輩才是多數。

在托育人才的調查報告中指出，三十多歲的老師占二四・七％，四十多歲占二一・六％，五十多歲則占一五・一％。假如有這麼多前輩，想必能將經驗傳授給年輕的數位原住民老師們。

實際上，最近也有不少托兒所或幼稚園採取以下方針：做家裡做不到的事。

我曾數次採訪熊本市的「山波幼稚園」，這間幼稚園積極將玩泥巴、山林體驗、運動及手工藝等融入課程中，不只是職員，就連家長都團結一心，試圖透過這些活動實現健全的身心發展。

關鍵是挑起孩子們的好奇心，讓他們主動去做。這樣的環境可以提供現代孩子所缺乏的經驗。

課題在於，如今的托兒機構及相關從業人員能否察覺孩子的成長需求，並試圖彌補。做得到與做不到將產生巨大的落差，前者的孩子們極可能會健康成長，後者則不盡然。

不只是投錯胎，「上錯園」恐怕也會是大問題。

4 腰腿不好，不會爬不會吞

現代環境帶來的改變，不只是孩子們玩耍的方式，身體上的活動也產生了多種影響。

幾年前，我到一間托兒所取材時，對於午餐供應的場景感到很驚訝。大廳裡一排又一排的餐桌上，小班和中班的孩子們默默吃著午餐。一眼望去，托盤上的幾個小碟子，每個碟子裡盛著像是老人餐的照護食品（還是該說是湯汁？）。裡面的食物都是褐色或綠色的糊狀物，或是用攪拌機切細的碎末。它們沒有留下原來的形狀，每一道都像是粥一樣。

通常，托兒所會將嬰兒食品（離乳食）或偏軟的食物，提供給咀嚼和吞嚥能力薄弱的零至兩歲孩童。不過，三、四歲孩童的下顎肌肉開始發育，咀嚼或吞嚥的能力增強，因此除了年糕等容易卡在喉嚨的食品外，托兒所就會讓他們吃固體食物。然而在這裡，即使是足夠年齡的孩子，也一樣提供類似嬰兒食品的餐點。

孩子大都以乏味的表情默默動嘴，既然不知道在吃什麼，應該就不會感到開心。餐後的剩飯堆積如山。

為什麼要提供這樣的伙食？我是在受邀為全國私立幼稚園經營研究會的夏季研討會擔任講師時，才知道這個答案。

當時，全日本的托兒所經營者齊聚一堂，將兒童的吞嚥能力低落納為議題之一。關東地區一名五十多歲的男園長這樣說：「近年來，托兒所供應的食物越來越軟爛，有些幼稚園會把所有食材放進攪拌機裡打碎，提供像嬰兒食品一樣的東西給四、五歲的孩子。這是因為現在的孩童咀嚼和吞嚥能力相當薄弱，甚至有孩子即便已經四歲，卻只有大約兩歲的力氣。固體食物會卡在這種孩子的喉嚨裡，最糟的情況還會導致窒息，所以我們不得不將食物弄得軟爛。」

事實上，誤嚥死亡的事故層出不窮，像是四歲幼兒吞下葡萄後窒息身亡，或是幼兒在節分（譯註：節分在日本指各季分際〔立春、立夏、立秋、立冬〕的前一天，當天會按習俗撒大豆驅鬼，並食用大豆消災解厄）時因無法嚥下福豆而噎死。

這些都反映出，托兒所或幼稚園年齡的孩童，咀嚼或吞嚥能力低落，是多麼嚴重的問題。

走路要戴護頭帽

關東地區一所老字號幼稚園，決定全面廢止運動會。自該園創辦起，運動會一直都是主要的年度活動，已經持續舉辦半個世紀以上，卻為了防止事故而決定中止。

這所幼稚園是一棟兩層樓的建築物，位在巨大公寓林立的地區。一個年級固定招收二十人，有著可愛的制服，是隨處可見的普通幼稚園。

不過，當我在園內觀摩時，幾個沒有穿制服的孩子走進我的視線範圍內。他們戴著非常大、非常厚的帽子。男生戴淺藍色，女生戴粉紅色，十九人的小班有七個人戴，中班和大班也有四、五個人戴著。這頂大帽子是什麼？

六十多歲的女園長說明：「那是護頭帽。有些孩子沒辦法好好走路，跌倒後會撞到頭部。遇到這種特別讓人擔憂的小朋友，我們會跟家長說明，讓孩子戴上帽子以防止事故。」

帽子裡裝了緩衝物，跌倒時能保護頭部。一般而言，剛開始學直立行走的兒童可能會需要戴上護頭帽，但三至五歲的孩子戴著，就讓我感到很意外。

不過，我觀察這些孩子們的動作一段時間後，就明白了幼稚園的用意。戴著帽子的幾個孩子，走起路來搖搖晃晃，看起來相當危險。

我問園長變成這樣的原因是什麼，她說：「原因在於嬰兒時期沒有爬行過的孩子增加了。**嬰兒約在出生後八個月到一年會開始爬行，這個動作會鍛鍊孩子手腳的肌肉、骨盆及核心等部位，為正確行走做準備**。但是，**假如沒有學會爬行就長大，身體無法充分發育、平衡感會變差，導致他們沒辦法正確行走**。」

這間幼稚園從十幾年前，就已經開始招收到沒有爬行過的孩子，且比例逐年升高。園長指出，廢止運動會也與此脫不了關係：「這樣的幼兒明明年紀還小，卻會出現O形腿或駝背等身體特徵。情況嚴重的孩子，左右腳甚至無法交替往前邁進，會纏在一起絆倒自己。不論是戴上護頭帽還是廢止運動會，都是因為這樣的孩子占了一定的比例。如果發生事故，幼稚園必須負責。」

孩子發生事故的案件數有增加的趨勢，兒童家庭廳（按：日本行政機關之一，為整合過去內閣府與厚生勞動省所管兒童相關事務而成立）指出，二〇二二年教育和托育設施發生的事故為兩千四百六十一件，創下往年新高。其中以骨折最多，為一千八百九十七件。

父母沒有多餘時間教小孩吃飯

我們很少聽到上一代三至五歲的孩子，還在食用糊狀的嬰兒食品，或是從小到大沒有爬行過。我是第一次見識到這種事，但在日本部分地區和托育場所，這早已是需要付出相當努力解決的課題。

從出生後半年到一年的嬰兒期，孩子會藉由嬰兒食品學習吃飯的方法，並開始爬行。這時，生活會發生什麼樣的變化？

我在研討會上遇見的一名園長說：「孩子不會吞嚥東西，是因為沒有好好教他嬰兒食品的吃法。從母乳到嬰兒食品，再到能夠好好吃東西，需要歷經一定的過程。所以，除了透過飲食訓練下巴的肌肉，也要讓孩子知道食物必須經過咀嚼才能下嚥。如果家中沒有教這些，即使到三、四歲，孩子也還是辦不到。」

依咀嚼階段分類，大致可分為小口吞嚥期（出生後五至六個月）、口含壓碎期

（出生後七至八個月）、輕咀慢嚼期（出生後九至十一個月）及大口嚼咬期（出生後十二至十八個月）。

想讓孩子正確度過每個階段，並能夠自己吃固體食物，就需要父母在這段期間精心照料。

剛開始，父母可能需要對孩子說：「來，張開嘴巴。」並張嘴示範。孩子學會之後，接著教咀嚼的方法：「咬咬，來，我們再咬一次。」並進一步教他們吞嚥，同時發出吞口水的聲音。孩子看了父母的動作會加以模仿，才能逐漸學會怎麼做。

不過，這件事要花費相應的時間和勞力，父母每天必須反覆說同樣的話和做同樣的動作許多次，直到孩子能夠好好吃東西。然而，**現在的父母往往沒有多餘的時間和心力教導孩童吃飯的方法**。

女園長表示：「父母太忙又太孤立。雖然可以請育嬰假，但夫妻需要分別請假，到頭來還是一個人顧。而且，即使在育嬰假期間，也還是有很多事情要做。即便可以抽出時間，也沒有可以商量育兒或幫忙的人。而單親家庭的家長，連在一旁看著孩子的閒情逸致都沒有。其中又有多少人能花上數個月，每天教小孩吃東西的方法？」

從我周圍的狀況來看，這番評論真是一針見血。

我認識一名從事照護管理的女性朋友，有幾個患者告訴她：「有些事情我也只能找妳商量。」因此，即使在育嬰假期間，她也必須和患者們保持聯繫。還有知名企業的員工表示，因為公司的公用語言變成英語，所以她必須在請育嬰假的這段時間準備托福考試，以免將來回歸職場時無法銜接。

除此之外，在育嬰假期間轉職、產後身體不佳或因壓力而精神耗弱、必須照護親人、遭到配偶家暴，以及沒有足夠時間育兒的人，多得數不清。

我認識一名三十多歲的女編輯說，她會讓孩子在吃東西時，觀看嬰兒食品吃法和湯匙使用法的教學影片，自己則在一旁戴耳機工作。就連嬰兒食品的飲食方法都不得不交給手機。

看到老人，像見到妖怪

儘管如此，過去也有很多工作忙碌，或精神上沒有餘裕的家長，他們仍能設法熬過去，這多半是因為他們與父母、祖父母，或住在附近的朋友們關係緊密，能夠隨時獲得支援。

正因為有祖父母、附近的大姐姐代替父母照顧小孩，才能讓孩子培養出下顎的力氣，或走路的平衡感。

然而，**現在盛行核心家庭，許多人在住家當地沒有太親密的人際關係**，也就不能指望這種基於血緣或地緣的支援。

關東地區一名四十多歲的兒童館女職員說：「在兒童館召開為學齡前兒童量身打造的老幼交流會時，偶爾會遇到孩子們一看到老人就哭出來。當老人向孩子攀談，或試圖教他做勞作時，他們就說『好怕』。」

現代孩子的人際關係非常單純，沒有接觸過老人的孩子並不罕見。爺爺奶奶住在附近的情況有所減少，有的甚至斷絕了關係。自從新冠肺炎以來，這種情形顯著增加。

這樣的孩子們被老人充滿皺紋的手摸到，或是聽到對方沙啞的聲音時，就會嚇哭。甚至會聽到有孩子說老人「就像妖怪一樣」。

對完全沒有接觸過老人的孩子來說，視他們為妖怪或許是一種必然。然而，這樣的孩子會與社會產生隔閡。

學步車，讓孩子跳過爬行、直接學走

假如父母的忙碌影響到孩子，就會妨礙他們發展咀嚼和吞嚥的能力，這是有根據的說法。同樣的，這也適用不會爬行的孩子。不會爬行的孩子正在增加，曾有幼稚園長表示：

「爬行需要足夠的空間，讓孩子自由活動。假如無法準備夠寬闊的空間，父母也沒辦法在場確保安全性，孩子就無法學會爬行、鍛鍊身上的肌肉。

「現在有很多家庭住在狹小的公寓或凌亂的屋子裡。孩童既不能自由爬行，父母也會害怕出意外而不讓小孩這麼做。然而，父母也不太可能帶孩子到外面爬，沾得滿身泥。換句話說，我們生活在一個沒有辦法爬行的世界。

「考慮到孩子的安全，無論在家或在外，父母都會讓孩子坐在附有安全帶的嬰兒座椅上。這樣既不會受傷，也不用時時緊盯，只要給他手機就會安靜下來，父母就能有更多空閒的時間，讓生活輕鬆一點。」

而且，即使身為父母，了解爬行和孩子發育間關係的人也不多。

現在的父母並不是從經驗中學習育兒的方法，也沒辦法請上一輩教導。實際上，他們只能買書自學，或是參加地方政府或其他單位舉辦的「雙親教室」和「親職課程」。

然而這些課程的參與率，男性在半數以下。就算聽了課，由於資訊量龐大，也只是填鴨，除非講師特別強調，否則不會記得爬行的重要性。

對懷孕期間的父母做出上述要求，也是不切實際的。擔憂生產時的陣痛、能否健康生產，和待產時的家計收支，若此時還要考慮孩子出生後爬行的重要性，未免太過嚴苛。

此外，**現在社會不只不重視爬行，還充斥許多讓孩子跳過爬、直接走的商品。其標誌性代表就是「嬰兒學步車」**（俗稱螃蟹車）。

嬰兒學步車是裝有多個車輪的圓桌，正中央嵌上一張椅子，可以讓孩子坐著的步行器。只要坐在椅子上，孩子的雙腳就能搆到地板，用腳尖踢地即可前進。而身邊的桌子會保護身體，即使撞到牆壁也不必擔心會受傷。

恐怕有許多孩子是用了幾個月的嬰兒學步車後，才學會走路的。從原理來看，使用嬰兒學步車能培養腳部的肌力，也能鍛鍊軀幹，但與需要使用全身力量在凹凸不平的空間前進的爬行相比，它並不能訓練體能。對於身心功能的成長會造成什麼差異，目前尚未有科學研究結果驗證，但部分研究人員指出，使用這種器具會妨礙身體機能的發展。

目前臺灣的醫師、職能治療師等，大都反對讓小孩用學步車。美國已於一九八七年就不建議使用，加拿大則於二〇〇四年起禁止進口、販賣。

沒力氣蹲馬桶

身體活動量縮減，不只是幼兒的問題。

中國地區（譯註：日本的中國地區又稱為山陰山陽地區，包括廣島、岡山、鳥取、山口、島根五縣）一名六十多歲的男老師說：

「大約在二十到三十年之前，孩子們就不在外面玩耍了，以至於肌力下降，廁所不再是蹲式曾惹出話題（按：臺灣小學仍有蹲式馬桶，日本小學則無）。屁股掉進馬桶卡住，聽起來就像是笑話一樣。

「不過，不只是蹲式廁所，現在的小孩子連蹲坐在平坦的地板上都辦不到。假如請他們雙手抱膝坐下，就會像不倒翁一樣滾倒在地；如果請他們盤腿坐下，則會向後傾倒。

「我也很納悶為什麼會變成這樣，與其他老師談過之後，我們的結論是：不只是肌力，許多孩子就連平衡感都沒有。」

這次的採訪中，也有其他老師提出類似的見解。

假如在活動時要求孩子抱膝坐在地板上，一定會出現側身倒在一旁，或說自己做不到的孩子。這些孩子連站立都覺得痛苦，會抱怨自己小腿抽筋、膝蓋疼痛。這並不是體力問題，而是軀幹沒有得到鍛鍊。

老師接著說道：

「我以前問過專家，對方表示若沒有依照正確的步驟學習走路，就無法磨練運動神經。嬰兒時期要先學會坐下，其次用雙手雙腳爬行。接著是扶物站立，慢慢記住如何走路和跑步，最後則是跳躍或跳繩。換句話說，按部就班才能全面的發展運動能力。

「不過，現在的孩子在早期並沒有學會如何爬行或扶物站立。這樣一來，肌力或軀幹就不會成長，即使年齡到了某個階段，也無法做出坐下和蹲下這些基本的動作。我們幼稚園的孩子就是如此。」

在這所幼稚園中，無法坐在地板上的孩子，就會讓他們坐在椅子上。

腰、腿不好的老人，可能會在榻榻米房間中放一張椅子來坐，而幼兒變成這樣的時代或許已經來了。

5 搖籃曲是手機唱的，爸媽呢？

你是否隱約記得，自己被父母抱在懷裡，聽著溫和的搖籃曲入眠？父母肌膚的溫暖、氣味和聲音，宛如柔軟的毛線般包覆著自己，誘人進入夢鄉。

然而，現代孩子或許缺乏這樣的記憶。關西地區一間托兒所曾發生這樣的事：

這間托兒所在供餐結束後的下午一點至兩點是午睡時間。我前來取材，跟六十幾歲的女園長一起悄悄進入昏暗的教室。

教室裡出現陌生的光景，約有三成的孩子們枕邊架著手機，分別播放不同的影片或音樂。

仔細一看，螢幕上有可愛的動物在唱搖籃曲，也有宛如媽媽一樣的人物在微笑，還有類似偶像明星的角色誇獎孩子的影片。

園長告訴我：「孩子們在看的是『哄睡應用程式』。有些孩子不這樣做就會睡不著。」

以前的托兒所當然也有難以入睡的孩子，老師會陪著他們入睡，或摩挲其背部幫助入眠。這幾年來則改用手機。

孩子們看著手機，孤單一人的入眠。不過，老師們並不會因為他們睡著就關掉應用程式，因為有很多孩子在聲音或光線消失後，就會突然醒過來。

觀摩之後，園長談起自己使用應用程式的經驗：

「現在很多家長在家哄孩子睡覺時，會使用專用APP。有的會出現嬰兒一起入眠，有的則播放漂浮在太空中無重力狀態的影片，種類很豐富。

「我自己認為，由父母或托育人員唱搖籃曲，輕拍孩子的背部哄睡是最好的。不過，對於部分孩子來說，搖籃曲就是要由APP來唱。要是由非歌唱專業的托育人員來唱，這些孩子會抱怨唱得很爛、很吵或睡不著，所以，用現代家庭的方法比較容易讓孩子睡著，於是就決定使用智慧型手機。」

不只是哄小孩子入睡時使用，想讓他們停止哭泣時也很常用。這種應用程式稱為「停止哭泣APP」，裡面有日常生活中的各種聲音，包括吹風機、父母叫人、吸塵器及洗衣機等，能讓孩童轉移注意力、停止哭泣。

園長說：「麻煩的是，不論是哄睡或停止哭泣APP，一旦習慣這些東西，就很難用別的方式成功讓孩子睡著或停止哭泣。即使又抱又搖也沒辦法安撫小孩，手機卻能輕鬆做到。我覺得，對待孩童的方式正在大幅改變。」

半數幼兒每天使用手機超過一小時

現代的孩子從非常小的時候就已經熟悉手機，這是眾所周知的事實。

坐在嬰兒車上的嬰兒，或是坐在電動自行車後面的孩子，邊看手機邊移動的情形已稀鬆平常，將手機架裝在嬰兒車或車用嬰兒座椅上的情況也並不罕見。

幼兒大約是從幾歲開始接觸智慧型手機？日本兒童家庭廳的〈令和五年度（二〇二三年）青少年網路使用環境實況調查報告書〉中，透過孩童開始使用手機或平板上網的年齡，統整出他們的網路使用率。根據這份報告，**兩歲幼兒的智慧型裝置**

使用率超過半數，為五八・八％（零歲為一五・七％，一歲為三三・一％。由監護人回答）。

兩歲，是開始能說出完整詞彙的年齡。然而，卻有半數以上的兒童，平常就會使用手機或平板。也有兩歲還不會講話的孩子，這代表許多人早在會開口之前，就已經接觸到這些裝置了。

令人在意的，還有孩子們的「螢幕使用時間」。螢幕使用時間是觀看手機、平板、電腦及其他智慧型裝置的時間。

在世界衛生組織（World Health Organization，縮寫為WHO）**制定的指南中，就不建議未滿一歲的嬰幼兒查看手機或其他裝置**，換句話說，就是不應該看。一至四歲的幼兒，則會建議每天少於一小時。

那麼，日本一歲幼兒看手機的時間有多長？東北大學東北Medical Megabank機構的栗山進一教授等人，在二〇二三年的論文〈一歲幼兒的螢幕使用時間，與兩歲和四歲時溝通和解決問題發展遲緩的關聯〉（*Screen Time at Age 1 Year and Communication and Problem-Solving Developmental Delay at 2 and 4 Years*）當中，就指出以下結果：

一歲幼兒的螢幕使用時間

- 未滿一小時：四八．五％。
- 一至兩小時：二九．五％。
- 二至四小時：一七．九％。
- 四小時以上：四．一％。

光是從這個數據，就可以得知**一歲幼兒中有半數以上，螢幕使用時間超過WHO在指南中建議的限制**。

順帶一提，螢幕使用時間變長的不只是幼兒，成人也一樣。不同的調查報告多少會有誤差，但一般認為二十歲以上和三十歲以上的成年人螢幕使用時間，每天超過五小時。想必可以解釋成大人長時間使用手機，也會影響幼兒。

育兒帥爸的存在有幫助嗎？

採訪幼稚園老師時，有趣的是許多人都指出，讓孩子長時間看手機的父親，比母親還多。

這十幾年來，社會鼓勵男性參與育兒，請育嬰假的門檻大幅降低。雙薪家庭中，女性和男性輪流請幾個月的育嬰假，或是分擔週末和平日育兒工作的情況也在增加當中。

雖然我們應該對此樂見其成，但是，為什麼父親讓孩子看手機的時間比母親還長？關東地區一名四十多歲的男老師說：

「不久前，日本掀起『育兒帥爸』（ikumen，按：日本廣告商在二十一世紀初創造的詞彙，二〇一〇年日本厚生勞動省為促進職場性別平等，亦開始『國家育兒帥爸計畫』，鼓勵男性請育嬰假、跟妻子一起分攤育兒責任）風潮，許多父親開始參與育兒工作。

「然而，就整體的趨勢來看，父親比母親還不懂育兒的方法。就算教他泡牛奶或換尿布，也不知道除此之外的時間要怎麼對待孩子。『爸爸友』（按：概念與『媽媽友』相同，指透過彼此孩子認識的朋友關係）也缺乏人際關係的互動。

「這樣一來，為了讓孩子及早停止哭泣，或避免無聊，經常給了手機就放著不管。因為父親不具備這方面的概念，所以誤以為讓孩子保持安靜就是育兒。」

二〇〇〇年代後半，媒體特別誇讚積極參與育兒的父親為「育兒帥爸」。與此同時，「自稱」育兒帥爸的人數也增加了。

這位老師服務的幼稚園中，就有個自稱育兒帥爸的男性家長。然而，從老師們的角度來看，他的孩子明顯睡眠不足、語言能力發展遲緩，其他令人憂慮的地方還有很多。

老師擔心的向男子問起他育兒的方法，卻發現對方只是把手機丟給孩子，並將孩子的照片上傳到社群平臺，撰寫日記，拚命宣傳自己正在育兒。

男老師接著說：「很多女性會找我商量，說自己不小心讓孩子看太久的手機。不過，男性既不會這樣做，妻子也沒有太多機會能觀察丈夫育兒的情況。晚上下班回家時，也只能聽到丈夫說『今天孩子很聽話』、『孩子一直都很乖』之類的話，所以，平常很難了解男性照顧小孩的過程。」

在夫妻合力育兒的觀念變得普及時，育兒帥爸徒具虛名的現象正在發生。

6 扮家家酒遊戲正在消失

父母以手機代勞部分育兒工作，稱為「手機育兒」。

直至今日，有許多腦科學、發展心理學或其他領域的專家，針對手機育兒帶來的弊端敲響警鐘。簡單來說，許多專家會從欠缺「依附」（attachment）這一點，談論手機育兒帶來的不良影響。

以往養兒育女是由養育者和孩童直接接觸。孩子藉由感受體溫、聲音、呼吸及其他各種生命徵象，與養育者產生強韌的心理連結，這在心理學上稱為依附。

孩子會在依附關係中，發展情緒能力和想像力，並以此為安全基礎與他人互動，進一步提升溝通能力。依附關係稱得上是兒童發展的基礎。

手機育兒的缺點在於，孩子和養育者之間的關係被手機取代，使感情基礎變得

薄弱、妨礙身心發展。

在前一節提及的栗山進一教授的論文中，以七千零七十九名兒童為調查對象。其研究指出，一歲幼兒的螢幕使用時間，將決定未來是否會出現發展遲緩。

螢幕使用時間在四小時以上的幼兒，與未滿一小時相比，兩歲時在溝通上出現發展遲緩的比例為四·七八倍，解決問題方面則是二·六七倍。

本書前言曾提到明和政子教授的說法：「出生在數位時代的孩子，成長環境不再是原生人類曾經的居所。」這麼說是有理由的。

那麼，現代父母對於手機育兒具備什麼樣的認知？根據托兒所老師的說法，大致可分為兩種。

一種是即便了解手機育兒的負面影響，也忍不住將手機交給孩子的父母。他們屈服於周遭成年人要求孩子保持安靜的壓力，或是承受不了獨力育兒的忙碌，雖然腦子裡知道風險，卻為了熬過當下困境而提供手機。

這樣的父母對於提供手機抱有罪惡感，往往會努力孩子的縮短螢幕使用時長，並嘗試增加玩耍或運動的時間。

第二種則是樂觀看待手機育兒，並積極執行的父母。以下是東海地區（譯註：

日本東海地區包括愛知縣、岐阜縣、三重縣及靜岡縣）一名四十幾歲男老師的說法：「認為手機育兒很好的父母，似乎正在逐年增加。我經常聽到使用育兒APP比自己判斷更安心的說法。與其自己五音不全的唱搖籃曲，不如用手機讓孩子聽專家唱的歌，還能夠培養絕對音感；與其自己陪孩子玩，不如讓孩子玩益智遊戲，更有寓教於樂的效果。」

在現今開發的應用程式中，有的聘請知名的專業歌手，也有的宣稱閱覽就能變得更聰明。或許父母開始相信，比起親自照顧，使用專家製作的APP更有利於孩子的發育。

用寵物養成APP培養感情

這名老師工作的托兒所，為了掌握手機育兒的現況，曾向家長做過問卷調查，統計孩子的每日螢幕使用時間。結果發現，兩歲幼童有半數以上每天使用智慧型裝置超過三小時。

老師找到情況特別嚴重的父母，詢問他們會讓孩子用手機做什麼。其中一位家長回答：「我們家每天會讓孩子看五、六個小時的手機。其中，大概有三個小時是看影片或玩遊戲，其他則包括英語相關的應用程式、猜謎或拼圖等益智遊戲，最近也會讓孩子接觸算數。」

這名家長深信，要儘早開始讓孩子聽道地的英語、玩益智遊戲。

老師給對方的建議是：「想讓孩子變聰明很重要。不過，兩歲幼童正是需要親情的年齡。請趁孩子年紀還小，稍微減少看手機的時間，盡量直接接觸、聊天。現在最重要的是培養親子感情。」

對方只說了一句「我知道了」，便回家了。

一年後，老師再次和那名家長談話，問起對方育兒的狀況。家長回答：「我用網路搜尋之後，發現一款飼養動物的程式，號稱能夠豐富孩子的心靈。所以，除了以往的APP之外，我也讓孩子玩寵物養成。」

老師一時間說不出話來。並不是說寵物養成APP不好，但是上一次交流時，明明自己是希望對方和孩子培養感情，為什麼卻被寵物養成APP取代？

家長接著說：「我沒自信跟小孩子好好玩。既不曉得該怎麼做，遇到不順心的事情也會馬上發火，這樣反而會傷害孩子。所以，與其想方設法相處，不如交給手機照顧。」

這名家長接下來不停的吹噓，該寵物養成APP的網路口碑有多麼厲害。

孩子不再接觸別的孩子

會直接表示自己不懂育兒、沒有信心獨自教養小孩的父母，在現代似乎並不罕見，這或許就是他們試圖將部分育兒工作交給智慧型手機的理由。

其實，人也不是憑生物本能就懂得育兒，而是從小看著父母或住附近的大人養育小孩、成為兄姊後照顧弟妹，又或是等到自己有了家庭，透過父母或前輩的建議，逐漸學習。

然而，這樣的經驗正在減少。背後原因可以推測是少子化導致手足變少、與老家的關係淺薄，或附近沒有認識的長輩。

中國地區某間托兒所的所長曾說：

「因為沒有小時候接觸其他小朋友的記憶，就直接成為了父母，所以無法想像育兒是什麼，更沒有自信。這就像沒做過料理的人一樣，即使別人叫自己做，也不曉得該怎麼辦。

「恐怕現在的孩子們長大成人的時候，情況會更為嚴重。例如我們托兒所的其中一個女孩，是家中的長女，家裡一共三個孩子，分別是五歲、三歲和一歲。詢問長女後發現，她連一次照顧手足的經驗也沒有。哄人睡覺就給手機，玩耍時也只是各自玩手機或電動，甚至洗澡時也一直看著平板。換句話說，就算有三個兄弟姊妹，也缺乏體驗模擬育兒的機會。」

從「扮家家酒」正在從孩子們玩樂的選擇中消失，便可以看出這一點。**扮家家酒是在玩耍的過程中，重現在家裡看過或做過的育兒經驗或家事。**然而，**現在的孩子缺乏這樣的體驗，所以就不玩扮家家酒了。**

「我希望現在的父母，育兒時不要依賴手機，哪怕笨手笨腳也行。這不僅可以與孩子建立依附關係，也能讓幼小的弟弟、妹妹看到爸媽育兒的樣子。

「從年幼時照顧其他小孩子、一起玩耍、教導對方的經驗十分重要。否則，長大後就無法與小朋友相處。」

所長分享了以下令人震驚的事件。

有一天，幾個當地的國小六年級學生來到托兒所，他們要在這裡度過大約兩小時，學習托育，這是「職涯教育」的一部分。

所長帶一群國小生，鼓勵他們和幼兒一起玩耍。結果，國小生們七嘴八舌的說：「小孩子好噁心。」或「好像喪屍一樣跟過來了。」並四處逃竄。詢問之下才發現，他們沒有一個人曾接觸過小孩子。

相信你一定聽過「母性」這個詞，意思是女性天生就會疼愛孩子，擁有養育的本能。不過，現在的科學否定母性的存在。

取而代之的說法叫做「親職腦」。

不想婚、不想生的理由

親職腦並非先天具備的能力。最初人類是以一張白紙的狀態誕生，不過，從幼年時期看到父母育兒，或是在照顧弟弟、妹妹的過程中，將逐漸培養出對孩子的感情或育兒技巧。不久後，這會變成他們內在的「親職特質」，也就是身為父母想要養育孩子的性格。長大成人後，大腦中這種關乎養育行動的功能，就稱為親職腦。

京都大學明和教授這樣說：「人類的大腦會在二十五歲之前發育完成，親職腦也是在這段期間與各式各樣的孩子互動後形成。正是因為人類有親職腦，才會想要生產和養育小孩，同時也會遵從親職腦養兒育女。如果沒有親職腦，很可能會覺得自己不想生小孩，有了孩子也不知道怎麼撫養。」

這次的採訪中，一名老師談到，部分父母把育兒當成一種任務。

即使嬰兒大了好幾次便，父母仍堅決一天只換三次尿布，絕不多做；即使孩子生病，也會堅持一天讓孩子出門一次等日程。

我也曾報導過兒童虐待的議題，實際上，這和疏於照顧而害死孩子的父母完全一樣。

擁有親職腦的父母，會站在孩子的立場思考，時時刻刻執行自己應盡的職責。孩子要是一天尿五次，就換五次尿布；孩子狀況不對，就不讓他出門玩耍。

假如沒有這樣的思維，育兒就會變成單純的任務（工作或課題），認為決定好三次就做三次即可。

那麼，生產意願呢？二〇二三年，日本網際網路服務供應商BIGLOBE做了一份「關於養兒育女的Z世代意識調查」。這項問卷調查是以五百名十八至二十五歲的男女為對象。結果，Z世代幾乎每兩人就有一人回答「不想要小孩」。

年輕人結婚和生產意願低落的原因，多半是經濟問題或價值觀變化，不過，該調查也問到「**除了金錢問題以外，不想要小孩的理由**」。根據調查指出，**第一名是沒有信心，第二是不喜歡小孩、拿小孩沒輒，第三名則是因為會失去自由**（不希望自己的時間受限）。這樣的想法或許也是受到欠缺親職腦的影響。

孩子需要什麼樣的環境？明和教授表示：

「現代社會科學技術的進步，相信今後會日益加速。這樣一來，育兒工作就會摻進比以往還多的科技成分，磨練感性的真實經驗會逐漸減少。正因為是這種時代，更需要充分了解人類養育孩子在本質上的意義。

「現在的托育環境中，大多數判斷仰賴個人經驗，所以處理事情的方式會因老師認知上的不同而有差異。為了彌補認知上的差距，有必要培養更多具備托育專業知識的人才。

「以北歐為例，有兩成的托育所教師擁有博士學位，還有國家的教育學院為六年制。假如日本也變成這樣，就可以更明確的討論育兒問題。」

即便是老師，也不一定每個人都知道該怎麼向父母說明手機育兒的弊端，所以具備科學知識也相當重要。

這個時代不能再像以往一樣，簡單說句「大家一起玩遊戲吧」，所有人就能動起來，而是需要明確的解釋為什麼必須一起玩遊戲。

7 數位父母比數位孩子更焦慮

父母有很多種：有的跟孩子形影不離，也有父母採取放任的態度，或是建立電玩同好的關係。

父母的職責是什麼？假如有人問起，有多少人能夠馬上回答？答案想必也是天差地遠。

關東地區一名六十多歲的女園長表示：「在這個時代成為父母會很辛苦。以前有『父母榜樣』可以參照，現在卻沒有。所以，就算有了孩子，也不曉得該怎麼扮演父母。」

直到昭和時代為止，日本都還有所謂的榜樣，那就是「工作優先的威嚴父親形象」和「守護家庭的溫柔母親形象」。姑且不論好壞，擁有小孩的大人們會將這個模型套用在自己身上，扮演父母的角色。

然而，從平成（譯註：日本年號，始於一九八九年一月八日，終於二〇一九年四月三十日）時代起，社會男女平等和雙薪家庭的嶄新價值觀，開始進入社會大眾的視野，上述的父母榜樣與時代不合，逐漸消散。父親連週末都只工作不幫忙照顧小孩，母親將所有的時間傾注於家事和育兒上的做法，已經不管用。

於是，大人們必須建立不同於以往的新榜樣。不過，在生活方式因家庭而異的時代中，每個父母必須開創符合自己家庭觀念的父母榜樣，而這並不簡單。

園長接著說道：

「不論是網路或是親子書，關於如何養兒育女的資訊可以說是多到無窮無盡。沒聽過、不可信的育兒法，多得讓人懷疑是否可行。

「不知道怎麼扮演父母的年輕人們，可憐兮兮的拚命蒐集資訊，試圖找出該給孩子什麼。從許多資訊當中找到評價不錯的方法，就讓孩子去做，是現代父母的職責。」

在當今充滿不確定性的時代，沒有明確一定能成功的方法。另一方面，父母們在社經地位差距不斷擴大的環境中，也沒有自信斷言「孩子放著不管也會成長」。於是容易對身為父母該做什麼而感到焦慮。

父母制定戰術，小孩執行

思考對孩子來說什麼最重要、想辦法讓孩子成功並沒有錯。不過，園長指出往往有父母會做過頭：

「父母選擇孩子將來所需，並與他們一起做，是一件好事。像是閱讀繪本、去海邊，或是畫畫，也能因此建立信賴關係。

「不過，許多父母沒有信心和時間這麼做，所以會試圖花高價『外包』。父母的工作變成尋找養育孩子的人，而不是親自撫養。」

幼兒教育的商業市場中，不只有游泳教室或英語會話課程，甚至推出一些教人玩耍的〇〇式教室，或是養成閱讀習慣的△△方法等。父母將千辛萬苦工作賺到的薪水，投入這些服務，由專家代理育兒。

園長將這種狀況稱為「**父母教練化**」，他表示：「**現在父母的角色正在轉變成教練。就如足球教練決定練習內容或戰術讓選手去做，父母逐一選定該做的事情，讓身為球員的孩子做。**親子關係就近似於教練和球員。」

這間幼稚園位於市中心，每逢下午三點的接送時間，父母就一邊背著嬰兒背帶，一邊騎著電動自行車出現。還來不及和孩子說上幾句話，就直接把他們送去其他地方。長男要學這個、次男要學那個，這是日常的景象。

想像這樣的光景，**與其說父母是教練，不如說是藝人事務所的經紀人，詳細決定旗下明星的行程表，再孜孜不倦的將他們送去通告現場。**

害怕被貼上爛父母標籤

生活方式隨著時代的潮流改變，也必然要更新父母榜樣的形象。

不過，假如問父母本人，他們也會對嶄新的父母榜樣感到糾結或不安。我針對園長談到的親子關係變化，詢問多名父母的意見。

第一位是有三個孩子的四十多歲女性。她具備藥劑師的證照，每週在藥局兼差五天。她這樣說道：

「我們家的孩子每週要上四天才藝課。這必須讓孩子做、那必須讓孩子做，才藝課程就在這樣想的過程中不斷增加。所以，我打工賺到的薪水，幾乎都花在每個月的學費上。

「老實說，我也想過放下打工、才藝及其他所有事，撥出時間跟孩子好好相處。我為不能替孩子做到這件事而感到抱歉。

「至於為什麼沒有這樣做，是因為我會想，假如孩子將來因此過得不順利該怎麼辦？如果其他孩子因學習才藝而變得優秀，卻只有我家孩子跟不上，我不就是失職的母親嗎？所以，就算再糾結，現在也必須忍耐、放棄親子時光。」

父母選擇讓孩子做什麼，並對成果負起責任，那是教練父母的宿命。她感受到這份壓力，所以覺得做比不做好，為了避免失敗而讓孩子學習更多才藝。

另一名四十多歲、有兩個孩子的女高中老師則說：

「直到生小孩之前，我都認為孩子放著不管也一定會成長。每當看到過度干預的父母，就會想：『只要相信孩子不就好了？』

「但是，成為父母後就完全不同了。我會非常在意周遭家長的眼光。

「身邊的每個人都讓孩子學習英語會話或公文式學習法（譯註：是由日本數學教師公文公發明的學習方法，透過引導的方式讓孩子自己找到解決問題的辦法，強調自學、超越學年），要是只有我們家什麼也不做，別人很可能會以異樣的眼光看我，像是：『明明是學校的老師，在搞什麼？』或『這個父母是打算放任小孩嗎？』甚至有人是對孩子產生同情，認為什麼才藝都沒學的孩子很可憐。

「這樣不就是人們口中的『爛父母』嗎？我不想變成爛父母，所以覺得必須讓孩子學習各種事情。」

她的恐懼，是害怕被貼上「爛父母」的標籤。

原本育兒的成果，是要經過幾十年才會知道。就算讓孩子學習英語會話，也不見得能在跨國企業工作；就算讓孩子學習程式語言，也不見得能開發出改變世界的應用程式。年幼時要做的事情，也應當考慮是否符合當事人的個性，並在遙遠的將來才會得到成果。

然而，如今卻要在短短幾個月內，評估父母和孩子。

三歲兒童要學什麼、四歲時要培養多少學力、五歲孩童要以多流暢的英語打招呼……現代人就是這樣評價孩子的。

如果孩子的能力沒有在某個時間點達到一定標準，不只孩子會被當成劣等生，就連家長也會被視為爛父母，說「有其父必有其子」。

現在，擁有小孩的人會被戲稱為「有子特權」，揶揄他們享有各種社會福利。父母可能因此感受到必須讓孩子變得優秀的壓力。

無論如何，社會存在這樣的評價標準，父母要擺脫這些觀念並非易事。

8 斯巴達式玩耍訓練

由於父母教練化或經紀人化，托兒所和幼稚園的角色也正在改變。

托兒所在日本由厚生勞動省管轄，根據《兒童福祉法》，這是接受父母委託托育孩子的地方；幼稚園則由文部科學省（以下簡稱文科省）依《學校教育法》管轄，是培養小學前生活或學習基礎的場所（按：日本於二〇〇六年起，亦有文科省與厚生勞動省聯合創設的認定幼兒園；臺灣托兒所原主管機關則為社會局〔處〕，於二〇一二年與幼稚園統一改制為幼兒園，由各地方教育局〔處〕管轄）。兩者皆以孩子們身心健全發展為重大目標。

不過，這幾年來的主要發展方向是教學，和坊間的升學補習班或運動學院一樣。家長們試圖搶在國小之前，讓孩子學習算數、英語及程式語言，或是讓孩子做各式各樣的運動，以提高身體能力。

關東地區一名三十多歲的幼稚園女老師說明其背景：「幼稚園因為少子化而減少招生定額，假如想要吸引家長注意，就必須展現出某些特色。現在父母對幼稚園的要求是取代才藝班，例如英語、算數會教到什麼程度。所以，我們也不得不宣傳外語師資，或是能讓孩子在畢業前記住九九乘法表。從父母的角度來看，讓孩子上這樣的幼稚園，比單純玩耍更能看到成果，既安心又合情理。」

這位老師所在的幼稚園，對於不斷減少的招生定額抱有危機感，從幾年前就開始改變教育方針，並改以「從幼兒起培養世界級人才」為目標，由母語人士積極推動英語會話、異文化體驗及其他相關活動。英語中，托育、育兒設施稱為「學前班」（preschool），如今的幼稚園也正在朝學齡前教育的方向邁進。

當父母教練化或經紀人化，試圖以有限的預算和時間取得最大的成果時，要求幼稚園提供才藝課程，也就見怪不怪了。

實際上，有的幼稚園會發放平板給孩子，提供資訊通訊技術（ICT）教育，也有些幼稚園試圖彌補近年來孩子低落的身體機能，而從早上就讓所有小朋友練習跳箱或短距離衝刺。像這樣有特色的園所就越來越受到家長關注、大受歡迎。

相反的，也有過於專注「玩耍」的幼稚園。這些場所看準現在的孩子沒有自由玩耍的機會，重視玩泥巴或接觸大自然，竭盡全力鼓勵孩子們玩。

我也觀摩過好幾次這樣的幼教場所，甚至可以稱其為斯巴達式玩耍。

其中一間園所就像是森林營地一樣，政策是禁止孩子進入屋內，讓他們在外一整天。即使是寒冷、下雨的冬日，也會讓孩子們穿上雨衣和長靴，甚至連午餐都要在外面吃。如果天氣冷，就自己生火熬過去。

的確，這麼做能讓孩子成長茁壯。不過，究竟要做到什麼程度才夠？

無論如何，只要幼稚園沒有盡力做到這種程度，就很難獲得家長的信任、並招收到學生。

任何事都先問：這樣做可以嗎？

然而，不論是父母教練化或學齡前教育化，我不認為這樣的趨勢一定是壞事。

如今，自由玩耍已經變得困難，父母必須有意識的鼓勵孩子參與某些活動、累積經驗。因此，讓孩子們接受專業人士的指導，便成為了首選。

不過，這當中也存在一些挑戰。女老師提到：

「幼稚園原本是個自由又放鬆的空間，可以讓各式各樣的孩子做不同的事情。對每個人來說，這裡應該是能讓感到開心、愉快的地方。

「然而，如今卻逐漸形成競爭的趨勢。所有人必須朝向同一個目標，有條不紊的做同一件事。這樣一來，就會出現跟不上的孩子。」

容易在學習上遇到挫折的，是處於發展障礙灰色地帶（邊緣）的孩子。這樣的孩子在多樣化的群體中，個人特質通常不太會構成重大障礙。例如，大家聚集在庭園中喧嘩，或是獨自追逐昆蟲，他們與其他孩童的差異並不會太明顯。

然而，要是讓所有幼童在同一間教室裡學英語，或是在操場上進行團隊合作的遊戲時，情況就會變得不那麼順利，因為他們往往不擅長遵守紀律，且難以跟上其他人的步調。如果他們因此而感到有壓力，就會做出比平常更多的、給周遭添麻煩的行徑，包括在教室亂跑、與其他孩子發生衝突等。

處於灰色地帶的孩子在這種狀況下，容易成為批評的眾矢之的。不論是班上其他孩子或父母，都會將他們視為妨礙群體的對象而想要疏遠他們。園所為了確保教學順利進行，也會特別關注這樣的孩子，如此一來，孩子就自然的被孤立了。

以前，這群處於灰色地帶的孩子在幼稚園裡還能過得輕鬆，直到升上小學後，才會因嚴格的管理教育而適應不良。但現在，幼稚園的規矩和小學一樣，而面對同等的要求，特立獨行的孩子就明顯增加了。

另一個挑戰，是孩子們欠缺獨立性。前述的老師表示：

「從小孩懂事起，父母或園所就會要他做這個、做那個，孩子主動做事的機會有所減少。雖然他們擅長默默完成被交代的事情，主動探求和開創事物的能力卻減弱了。

「這樣的孩子有兩個特徵。一是離不開大人。假如置身在自由的空間，就會因為不曉得該做什麼而變得不安。接著就害怕起來，並緊緊摟住父母。

「第二個特徵是會看大人的臉色。由於父母的評價或判斷是被視為最優先，所以事事都必須請示大人的意見，無法積極尋找自己認為有趣的事情來做。但是，對父母來說，他們也頂多是個『聽話的好孩子』。」

根據老師所言，她經常聽到這樣的孩子習慣性的問：「這樣做可以嗎？」和「我可以做那個嗎？」假如發生不合己意的事情，就會驚慌失措的跑到老師或父母身邊求助。這些孩子並沒有培養出自我意識。

容易被意想不到的事嚇哭

孩子們從年幼時，就只能做大人指定的事情。關於他們內心所面臨的問題，關東地區一名四十多歲的幼稚園女園長指出：

「唯大人命令是從的孩子不懂得安排驚喜。以前的小孩子在升上大班後，大家會一起為老師準備各種驚喜。聽說某個老師結婚時，孩子們會自己討論，並蒐集公園的花草製作花冠，再在畢業典禮時送給老師。

「但是，現在懂得安排驚喜的孩子只有約四分之一。安排驚喜時必須自己思考和執行很多事，例如思考做什麼會讓老師驚訝、剛開始應該找哪個朋友商量，以及如何讓班上的大家共同參與。

「那些從小自由生活的孩子，自然會具備這個觀念，並能夠跟大家討論和實行。**而只聽從大人命令的孩子，連想像驚喜是什麼都做不到。**」

根據園長所說，以前在畢業典禮之後的謝師宴時，全體園所幼兒都一定會準備驚喜。然而，從十年前這種舉動就突然消失，就算反過來由老師安排驚喜，孩子也會被意想不到的事情嚇到並哭泣。

我一點也不認為懂得給人驚喜的孩子才優秀出色。不過，為了安排驚喜，就像該名老師指出的一樣，需要發展出同理、想像力和其他多種能力，這會誕生為將來的創造力。假如沒有配合年齡學到這樣的能力，園長當然會擔憂。

第 2 章

只有糖果變甜，
鞭子逐漸消失

1 下課後，繼續約在線上遊戲集合

很久沒有在城市中看到正在玩耍的小學生。公園或空地看不到孩子並不稀奇，就算某棟屋子前停著很多自行車，也不代表能聽到孩子們喧嘩的聲音。超市或超商也看不見國小生的身影。

在日本，學校大都下午三點放學，距離晚餐大約還有四個小時。無論是看漫畫還是打電玩，孩子都需要一個人打發漫長的時間。

現代孩子會在什麼地方，以及怎麼度過這段時間？

並不是所有孩子放學後都必須獨處。就和以前一樣，**孩子們會跟學校裡要好的同學約好四點會合**。然而，**會合地點不是公園或朋友家，而是在遊戲中**。

如今大多數電玩都可以在線上遊玩，不必出門就能跟朋友在遊戲中見面。因此，他們在放學後會以虛擬化身（avatar，網路上的分身角色）的形式見面，在同一款遊戲中一對一對戰，或是組團戰鬥，一起打倒敵人。

順帶一提，孩子們在網路上接觸的對象，也包含沒有見過面的人。二〇二四年二月，日本東京都生活文化體育局所做的〈青少年在家使用智慧型手機等裝置的調查報告書〉中，曾經和陌生人交談過的國小低年級學生為二二．六％，高年級學生為一四．二％。有時，孩子會因此捲入兒童色情等犯罪活動。

線上遊戲從好幾年前，就逐漸流行於小學生之間，並在新冠肺炎爆發期間迅速蔓延。在居家上班、上學的三年裡，孩子們玩耍的方式就從現實轉向網路。

日本教育網路研究所的調查指出，二〇二二年國小六年級學生中，持有遊戲機的比例為四八．七％。儘管這個數字不到一半，但就算本人沒有，也可以使用哥哥或姊姊的遊戲機，或是玩平板和手機。實際上可以說，幾乎所有孩子都處於能在線上見面的環境中。

孩子們想要輕鬆的在網路上和朋友見面，或是埋頭於有趣的電玩中，這種心情是可以理解的。不過，現在也幾乎看不到在放學途中閒晃，或是順途買零食回家吃的孩子。這是為什麼？

關東地區一名五十多歲的男老師表示，原因在於上下學時會受到大人監視：「現在的小學生在放學途中，大人們會透過 GPS（Global Positioning System）等工具，監視他們在哪裡。假如順道去別處或是在途中玩耍，馬上就會被揭穿，所以在放學途中玩耍的現象就絕跡了。**現在的孩子們，放學後就會直接回家。**」

從二〇一〇年起，使用資訊通訊技術監護孩童上下學的服務開始普及。學校的校門或出入口會安裝感測器，只要孩子通過這些感應器，就會將離校的時間點傳到父母的手機上。這樣一來，父母就能知道孩子會在幾分鐘後到家。有些地區甚至會與警方共享這些資訊。

該名老師指出，許多孩子從入學時就帶著這樣的設備，因此，很難產生企圖脫離上學路線，到其他地方玩耍的想法。

維護學童的安全固然重要，但因新冠肺炎爆發後，消磨放學後時間的方法有所改變，再加上這種系統的引進，使得孩子玩耍的方式正在大幅變化。

另一方面，也有孩子就算放學後也不能回家。因為父母都在工作，所以必須到課後安親班上課。

過去雙薪家庭的孩子仍屬少數，因為家裡沒有大人，得自己開門，而被稱為「鑰匙兒童」。自從一九九〇年代末期，雙薪家庭的數量就超越了有全職主婦（夫）的家庭，近年來甚至達到七成。正因如此，每三個學童中，就有一人得在放學後參加課後安親班。

待在學校的時間長達十二小時

以前的學童多半是報名校外的安親班或補習班。近年來，日本國內的方針則是以校內課後班為主流。校方會利用空著的教室，或是在校園的其他建築物中設立課後班，並安排兒童輔導員。

參加課後班的學生主要是國小一至三年級。四、五個小時的正課結束之後，直接留在校內接受課後輔導的孩子少則三分之一，多則半數以上。兒童輔導員在看顧他們的同時，要讓孩子們寫作業、吃點心或看電影，直到晚上六、七點。

這幾年來，為了配合父母早上的上班時間，每天早上七點多便提供接送服務，或是由學校提早開放入校時間，這樣的措施成為一種趨勢。**如此一來，孩子待在學校的時間最多長達十二個小時。**

從父母的角度來看，讓孩子待在學校這個受到管理的空間，可能會更為放心。政府基於這樣的想法，鼓勵校內成立課後輔導班。然而，學校或相關從業人員，已開始感受到這個做法帶來的負面影響。

關東地區一名三十多歲的女性兒童輔導員說：

「假如孩子在學校適應得好，就沒有太大的問題，但對不適應的學生來說，被同學們包圍一整天肯定很難受。

「我認為，放學後的時間是逃避現實的機會。不僅能脫離與同學間的麻煩關係，也可以躲起來不讓嚴厲的大人發現，是可以悠閒度過、專屬於自己的時間，能夠擺脫所有的壓力。

「但是，如果連放學後都必須留在學校上課，會發生什麼事？尤其是無法融入群體，或是不擅長與人交往的孩子，就必須一直處在充滿壓力的環境中。甚至有學童因此覺得痛苦，而不想上學。」

相信不少人還記得，過去自己上學時，最期待的就是放學。

我幼時也會在放學途中，跟朋友順道去別處玩或買零食吃，玩鬧一陣子之後再回家，在晚餐時間前吃點心、看書。

然而，若是將課後時間局限於校內，課堂上的人際關係或壓力，就會直接延續到課後輔導班。

假如孩子在班上遭到霸凌，在課後班也會持續；假如無法融入正課的班級，到了課後班也會發生同樣的事情。上學期間引發的學級崩壞現象，甚至間接影響課後照顧，形成「課後崩壞」。

對成年人來說，三、四個小時轉眼間就過去了，但對孩子而言卻相當漫長。

從課後班消失的女孩

就算沒有拒學，孩子也會以別的形式表達對課後輔導班的不滿。女性兒童輔導員表示：

「課後班與正課班級的不同之處，在於有其他班級或年級的孩子。就算在自己班上表現得很好，也可能在課後班跟其他學生發生爭執。

「有時，二、三年級的學童在班上不順心，來到課後輔導便把怒氣發洩在較年幼的孩子身上，像是霸凌或忽視他們。對那些學童來說，這是消除壓力的方式，但對被欺負的孩子就難以忍受。

「遭受欺負的孩子會拒上課後班。明明在自己的班級可以正常與同學來往，卻因為討厭課後班的人際關係，而不想來上課。這些孩子在正課一結束，就會立即逃到校外。」

以下是她的親身經歷：

有一個單親家庭的母親，在金融相關企業工作，獨自扶養小學一年級的獨生女，並將女兒託給課後輔導班。

進入小學後的兩個月期間，女孩每天到校內的課後班上課，儘管遭到高年級的孩子霸凌，一開始也設法忍耐。

六月的某一天，女孩的情緒終於崩潰，在正課結束後，沒有出現在輔導班，而是直接消失。

不久，兒童輔導員發現女孩不見，聯絡母親後，得知小女孩沒有鑰匙，沒辦法回家。因此，輔導員和老師在街上四處找人，最後在超市外的長椅上找到她。

事後母親才發現，女孩被課後班其他學生欺負，再怎麼說服，女兒都不肯回去。雖然母親一籌莫展，但若硬性逼迫，孩子很可能會連正課都開始排斥。母親在與輔導員和老師談過後，決定不再讓孩子上課後輔導班，而是讓她直接回家。

取而代之的是，母親在家中所有房間設置監視器，以便確定女兒是否安全回到家。監視器與手機連線後，可以觀看房間的情況，甚至進行語音通話。

然而，放學後直接返家的女孩，卻發現自己一個人在家非常孤單。她開始每隔三十分鐘就聯絡母親，不是說了一長串無關緊要的話，就是在鬧脾氣。

無法專心工作的母親，決定從第三學期（譯註：日本學校是將一個學年分為三個學期，與臺灣的兩學期制不同，第三學期為一月至三月）開始，搬回有外公、外婆的老家，女孩也因此轉學。

沒有去過同學家

放學後的國小生，可分為「回家組」和「課後班組」，不過兩者仍有共同之處，那就是孩子們很少有在校外碰面的機會。

一般來說，孩子們在校內和校外，會展現不同的一面。例如，放學後一起在公園或兒童館玩耍，或是在假日時打棒球、踢足球，都可以接觸到朋友在學校以外的另一面。

我很幸運的，小時候擁有這樣的機會。當時，班上有個孩子一整年只穿短袖上衣配短褲，有些人會揶揄他是窮鬼，但也會有其他孩子為他辯護：「他家很大，每年都會出國旅行。」又或是在學校不擅長唸書的孩子，卻因為家中有收音機或電腦，而讓朋友們另眼相看。

然而，如果孩子們只能在學校見面，再怎麼要好也只能接觸到在學校裡的一面。這樣一來，他們就只能靠單方面的形象來認識朋友，難以完全了解對方。

東海地區一名五十多歲的男校長說：

「線上遊戲無法直接見面，而上課後輔導班的孩子也沒辦法玩。許多孩子在班上展現的模樣，就是那個孩子的全部身分。

「人類原本就有各式各樣的面貌。在校園中、在公園或家中，以及有零食吃時，展現出來的性格完全不同。但是，現在的孩子幾乎只能在教室裡碰面，所以只能知道其中一面。從這層意義上來說，就是他們對於朋友的理解很淺。」

校長指出，能代表這一點的，是**「沒看過別人家裡的孩子」有所增加**。

相信很多人的童年中，一下課就是集體跑到同學家玩耍，或是曾受邀參加朋友的生日派對或耶誕派對。

孩子會在這樣的體驗中，發現形形色色的事情。例如，朋友的家大到讓人吃驚、知道對方正在照護失智症的奶奶、看到書櫃後發現朋友很愛讀書、牆上貼著很多獎狀、對方有個讓人寒毛直豎的流氓哥哥，或是同學的爸爸戴著假髮……知道嶄新的一面，才能更深入的了解朋友。

然而，近年來，想進入別人家被認為是侵害隱私的行為，而逐漸成為一種禁忌。社會上不應該詢問他人隱私的風潮漸長，相信新冠肺炎也是推動此風氣的原因之一。

此外，由於父母工作忙碌，藉由家長教師聯誼會（Parent-Teacher-Student Association，縮寫為PTA）跟其他父母交流的機會也有所減少。哪怕孩子們不在校外見面，但若他們的父母關係很要好，就會互相交換孩子的資訊，不過這種情況也逐漸變少。

這樣一來，孩童眼中的朋友，必然只有在學校看到的一面。對方住在哪裡，過著怎麼樣的生活？父母或兄弟姊妹有幾個人？有沒有擅長的事情？對於這些事情一概不知。

校長繼續說道：「**假如孩子只了解同學的其中一面，就只能從這一點判斷對方是什麼樣的人**。這樣會造成孩子們以片面的資訊進行假設。例如：這個人成績差，所以沒有存在價值；或是，因為他有很多遊戲，一定很沉迷其中。僅僅從單一的角度，斷定他人的性格，然後針對對方的負面特徵徹底批評。所以，**孩子們在學校中，會盡可能的只展現美好的一面**。」

過去，即便某個孩子的在校成績差，但若知道對方在將棋大賽中屢獲優勝，就不會說他沒有存在價值；或是熟知電玩的同學，如果知道對方家裡擺了很多書，也不會輕易定義他為遊戲迷。

這樣一來，當人們失去了解他人多面性的機會時，更容易從單一面向看待對方，輕率批判的風險也隨之增大。

2 運動量減少，骨折率卻提高

小學生除了能依放學後的去處分類，在運動能力方面展現不同天賦的孩子，也有明顯的區別。

某天，我到一所小學為家長演講時，就撞見了奇怪的景象：一個班級的體育課在玩躲避球，其中幾個孩子，上半身穿著像是黑色防彈背心的東西。

起初，我以為是運動能力較高的孩子們在做加壓訓練。不過，我後來觀察到，穿著背心的孩子，身材線條明顯比其他孩子瘦弱，動作也很僵硬。他們很容易成為大家的第一個目標，並輕易被球擊中。

關東地區一名五十多歲的男老師說明：「那是護具。現在運動能力低落的孩子非常多，如果因為沒躲掉球而被擊中胸口，很可能發生意外，像是鎖骨或肋骨骨折，最糟糕的情況是心跳停止。因此，我們會讓不擅長運動或是會害怕的孩子穿上護具。」

近年來，學校會準備輕質、柔軟的橡膠球。對病弱的孩子來說，躲避球這項運動可能很危險，但我不認為一般健康的孩子會因此受傷。

很早就有人指出**現在孩子們的身體變得比以往更脆弱**。許多學校為了預防事故發生，運動會陸續取消了疊羅漢或騎馬打仗等項目。這次的訪談也指出以下的孩子是存在的：

- 接連出現孩子跑操場時，因沒辦法跑過彎道而跌倒。另外，由於跌倒時無法及時以雙手支撐保護身體，所以會臉朝下摔倒，傷勢慘重。
- 做暖身操時，因為肩胛骨過於僵硬，無法高舉雙手擺出「萬歲」的姿勢。
- 無法以四肢爬行、用抹布擦地。因為核心肌群力量較弱，稍微前進幾步就會以面部著地。
- 無法交替使用雙手和雙腳。前進時會同手同腳，或是游泳時自由式變得像蝶式一樣。

- 玩傳接球時，戴上棒球手套的那隻手會動彈不得，或是因為無法判斷球速或距離而接不到，所以會被對方擲出的球正面擊中臉部或胸部。

這實在是令人心痛的光景，不過就如第一章所說，托兒所和幼稚園已出現無法坐在平坦地板上的孩子。他們上小學之後，發生這樣的情況也不讓人意外。

前述的男老師表示：「直到約二十年前，就算在課堂上受傷，也頂多只是扭傷或擦傷。不過，近年的學生光是跑步跌倒，就會造成前十字韌帶斷裂、阿基里斯腱斷裂或頭蓋骨骨折等重傷。現在許多孩子平時沒有運動習慣，因此一旦受傷，傷勢往往會更加嚴重。」

獨立行政法人日本體育振興中心〈學校管理下的災害——基本統計〉中指出，與一九七〇年代相比，現今國高中和小學生的骨折率為二．四倍。明明**運動的機會減少，骨折率卻提高，只能視為運動能力正在下降的跡象**。

這個數據在骨科領域備受矚目，日本骨科學會稱之為「兒童運動障礙症候群」。假如你感興趣，可以到非營利組織法人「全日本停止運動障礙症候群協議會」（Japan Stop the Locomo Council）的網站上看看案例。

「像女孩那樣丟球」的男孩們

由於有許多老師向我表示，十分擔心孩子低落的運動能力，因此我採訪了島根大學在地整體照顧教育研究中心的講師安部孝文。他是兒童運動功能和身體發展的研究者。

安部先生指出，測量孩子運動能力的指標之一是「投擲軟式棒球」。投球的動作需要用到全身，包含許多平常生活中不會做的動作，因此能展現出運動能力的差距。

左頁圖表1的調查對象為國小五年級，從中可以發現，投擲距離從二〇一〇年起就急劇下滑。即使因果關係還不明確，這個時間點卻與智慧型手機和平板普及的時代重合。

除此之外，學童的視力也顯著下滑。小學生中視力未滿一．〇，在一九八六年僅一九．一％，二〇二二年卻升至三七．八八％（〈學校保健統計調查〉）。街上戴眼鏡的孩子確實也正在增加，這無疑是數位設備普及的影響。

東海地區一名三十多歲的女老師表示：「假如讓班上的學生投球，大約**有八成**

圖表 1　國小生投擲軟式棒球的距離

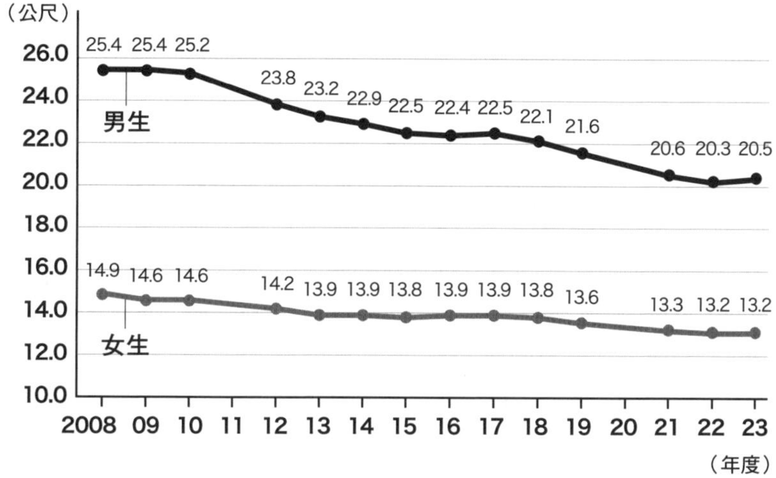

出處：日本體育廳2023 年度〈全國體力、運動能力、運動習慣等調查〉。

的男孩子『像女孩那樣丟球』。球投不遠就落地，或是投歪的都不在少數。還有的孩子投球時會同時向前伸出右手和右腳，結果摔倒在地。」

　像女孩那樣丟球，指的是男性與女性先天上的身體差距，相較之下女性肩膀肌肉較無力，沒辦法在跨步後利用反作用力將球投得更遠，投球姿勢甚至變得像擲鉛球一樣。假如運動能力沒有均勻發展，就會變成這樣的投球方式，導致球無法飛得更遠。

運動能力下降，卻能不斷破紀錄

然而，也並不是所有孩子的運動能力都在下降。

我曾採訪過千葉工業大學發育發展學的專家引原有輝教授，對方表示，與其說孩子的運動能力正在集體下降，不如說是兩極化。

「現在，擅長運動和不擅長運動的孩子，兩者之間差距相當大。會運動的孩子遠比以前更厲害，但不會的孩子仍然什麼都做不到，中間層正在減少。

「雖然不擅體育的孩子，整體數量正在增加，但是擁有這項專長的孩子變得更加優秀了，所以，並沒有辦法從國家所統計的整體資料看出太明顯的變化趨勢，但我認為這個問題非常嚴重。」

儘管現代孩童運動能力下降的聲音不斷傳出，各個運動項目的最高紀錄卻也接連被打破。

以甲子園（按：日本的全國高中棒球聯賽之一，因舉行於阪神甲子園球場而得名）參賽學校的投手球速為例。以前最高球速通常在一百三十公里左右，近年來能投出一百四十多公里的投手卻不罕見，有時甚至能達到一百五十多公里。然而，也有高中生連投球都不會。透過這個例子，想必你也會同意兩極化的說法。

引原教授接著說：

「之所以出現這個現象，可能的原因在於父母的意識和做法不同。有的父母從孩子年幼時，就會確實提供運動的機會，有的則不會。

「如今的社會並不是孩子可以未經允許，就外出活動身體的時代。所以，**假如父母視運動為一種才藝，就會以科學方法或技術來培育孩子，讓運動能力不斷成長。這就是兩極化的主要原因。**」

的確，父母的看法會產生很大的影響。然而，即便父母意識到體育活動的機會正在減少，希望能讓孩子多接觸運動，實際上也不是所有家庭都做得到。

除了工作繁忙，經濟負擔也大。假如讓孩子在私人的運動中心上課，一項運動每月要花費一萬日圓左右（按：本書日圓兌新臺幣之匯率以財政部公告之二〇二四年外幣匯率平均值〇．二一元計算，約新臺幣兩千一百元）。若算上交通、器材、集訓及其他費用，且每週上三堂課，一個月就需要三至四萬日圓。如果你有三個孩子，每個月就超過十萬日圓。能承擔這個費用的家庭恐怕不多。（按：根據臺灣教育部一〇八學年度（二〇一九）〈國民小學教育消費支出調查〉統計，有校外學習支出者之占比為八二．九％，平均每人支出新臺幣七萬三千八百零六元。）

會踢足球，卻不知道怎麼丟球

過去，與其說運動是一門才藝，不如說是在自由玩耍的過程中學到的東西。就如「業餘棒球」一詞，昭和一輩有不少人是與朋友玩樂時學會打棒球。在公園或路上踢足球和打籃球也是如此。

關東地區一名五十多歲的男校長表示，隨著放學後玩耍的機會消失，間接導致了運動項目分化：「觀察現在的孩子，我發現**只會一種運動的孩子很多**。雖然他們很喜歡自己正在參與的運動，卻對其他體育項目毫不關心。所以，當他們想在休息時間或放學後活動身體，成員自然就是固定的幾個人。」

以下是校長分享的個人經驗：

有一天放學後，幾個喜歡打棒球的孩子聚在一起，想用軟式網球來打棒球。當校長提醒他們要注意周圍環境時，他們表示正因為人數不足而困擾。

這時，偶然有個擅長踢足球的孩子從校長眼前經過。據傳，他將在畢業後升上足球名校。於是校長叫住他，邀請他一起打棒球。

沒想到，實際開始後，校長發現這個孩子不知道棒球手套怎麼戴，也不知道球棒怎麼握，甚至連投球都做不到。詢問之後他才表示自己完全不懂棒球。

校長無可奈何，只好提議一起打軟式網球。然而，不論是擅長踢足球或打棒球的孩子，都說他們從未看過網球。

校長從這件事實際感受到，現代孩子體育活動的範圍變得狹窄。

校長說：「如果只體驗有限的運動項目，就無法全面發展身體能力。在學校的體育課中，我們會盡量讓學生體驗到五花八門的運動。不過，能夠分給每一種運動的時間有限，一個學期頂多三堂課。這樣一來，如果沒有一定程度的綜合運動能力，就算努力做也做不好。」

以體育課常上的樂樂棒球為例。樂樂棒球是與棒球相似的球類競技，會將較大顆、較柔軟的棒球放在打擊座上來代替投手，再用球棒打擊。教授這項運動的目的不只是提升學童的體力，也包含讓孩子記得其中的樂趣和規則。但是，對不會丟球、傳球的孩子們來說，就算在課堂上嘗試兩到三次，也不會覺得開心。

藉由運動提升自尊的德國

該名校長繼續分享：「讓人擔心的另一點是，如果體驗過的運動類型不多，很可能產生不必要的排斥。例如不擅長球類的人，或許很有武術天分。然而，若只有踢足球的經驗，又踢得不好，就算武術天賦再高，也會因為自認沒有運動能力而不感興趣，也就不會接觸。這種武斷會擊潰原本應該擁有的可能性。」

這一點尤其適用於學校無法提供場地或師資的運動。

假如是短跑、墊上運動、籃球等，通常會包含在小學的課程中，就算平常沒有外出活動的機會，也可能在體育課察覺到自己的天賦。

不過，像溜冰、劍道、滑板及相撲等競技，在學校沒有接觸的機會，反而是在和朋友玩耍時，才會逐漸產生興趣並嘗試。反過來說，如果沒有朋友能一起玩，孩子很可能不會發覺到自己的才華，甚至對運動感到排斥。

這種情況讓我想起德國的做法。

德國的孩子除了學校課程外，大都會參加校外的當地運動俱樂部，稱為「體育會」（Sportverein）。這裡也成為眾多世代齊聚一堂的當地社群。

體育會不同的地方在於，可以依照喜好體驗許多種運動。從熱門到冷門，都能跟同輩的夥伴同樂。只要在放學後或假日來到這裡，孩子可以體驗任何項目，藉此提升綜合身體能力，並找出什麼運動適合自己。

日本的體育課會將孩子區分為擅長運動和不擅長運動。在比賽中，擅長的孩子得到一分，就算一分，體育能力一般的孩子則算兩分，不擅長的孩子算三分，以保持「公平」。但這麼做並不能克服運動帶來的自卑感。

考量到現今學童的學習環境，引進類似德國體育會的機構，推廣藉由運動提升自信心，也是一種做法。

3 誇我症候群

小學的上學路上，男孩們笑著牽手的景象增加了。不只是低年級學生，高年級的孩子也會握著彼此的手走在路上。

我年幼時，同學間並不會把牽手當成要好的證據。這和性傾向或LGBTQ（譯註：LGBTQ即女同性戀者〔Lesbian〕、男同性戀者〔Gay〕、雙性戀者〔Bisexual〕、跨性別者〔Transgender〕，以及酷兒／疑性戀者〔Queer／Questioning〕）無關，而是身為青春期的男孩，無論是同性或異性，只要向對方撒嬌就會覺得難為情。

暫且不論這種觀念是否過時，不過，有許多老師指出孩子們身體接觸的頻率增加了。關東地區一名四十多歲的女老師說：

「最近，就連高年級的男孩，也會跟教職員牽手或坐在對方大腿上。這樣的孩子觸碰別人的次數相當多，男孩之間互相挨近的情景也很常見。

「這樣的孩子經常會想得到別人誇獎。每逢休息時間，他們就找到老師，說著：『我會做這件事喔！』或『我做了這個！』，希望自己能被稱讚『好厲害』。若是沒有立即誇獎他們，就會拉扯袖子試圖引人注意，或是直接發脾氣。

「二十年前，這樣的孩子在低年級班上偶爾會有一、兩個。現在，即使是高年級的班上，也會有四、五個。」

一般來說，人類確實有獲得別人認可的需求。假如孩子們真的做了值得誇獎的事，就應該給予妥善的評價和讚賞。然而，什麼都沒做，卻理直氣壯的試圖獲得稱讚的行為，就顯得突兀了。

「這些孩子相當愛撒嬌，同時也希望什麼都不做就能被誇獎，為了得到讚美，這樣的孩子就算貶低別人也覺得無所謂。

「他們會找到教職員，表示：『比起〇〇，我可是有這麼厲害喔。』或是向老師告密：『〇〇同學一直在做這樣的事情。是我發現的，很了不起吧！』試圖藉此獲得認可，只要自己能被大人讚許，絲毫不在乎其他人的感受。」

而他們只要被誇獎一次，就會永無止境的想要得到更多。

舉例來說，某個孩子在考試時發現同學作弊。向老師舉發後，老師稱讚對方：「謝謝你告訴我。」這個孩子因此得意忘形，變得像是祕密警察一樣，試圖陸續揭露其他人的作弊行為，最後連無辜的孩子都被冠上作弊的嫌疑。

這麼做或許會被同學討厭，並因此遭到排擠。不過，這種孩子更重視別人對自己的讚美，而不是班上的人際關係。

不被誇獎竟引發過度換氣

為什麼孩子們那麼渴望誇獎？綜合老師們的意見後，我整理出兩個理由。

第一個理由是，孩子們在家庭中沒有得到足夠的愛，因為「感情飢餓」，所以尋求家人以外的人讚揚。

舉個淺顯易懂的例子，來自惡劣家庭環境、猶如受到虐待的孩子。假如父母每天破口大罵，就會打擊孩子的自尊心，懷著不安，覺得自己或許沒有活著的價值。因此，想要得到別人認可和誇獎的欲望就會增強。

也有的案例是就算沒有遭到虐待，但父母過於忙碌，沒有時間照顧孩子，處於幾近被忽視的狀態，或是需要照護長輩的未成年者。沒能得到父母的陪伴，孩子們就會想盡辦法，吸引老師這個最親近的大人的注意。

不過，在這樣的例子中，撒嬌背後的目的是傳達求救訊息，反而使家庭問題得以曝光，也不能說是壞事。

第二個理由是，孩子從懂事起就過度受父母或大人表揚，養成「誇我上癮」。

關於這一點，關東地區一名五十多歲的男校長說：

「現在的父母傾向於經常誇獎孩子，親子書中也呼籲要多多表揚孩子，幫助他們提升自我肯定感，父母或許就只是根據書中的建議照做。當然，誇獎教養法並不是壞事，問題在於應該做到什麼樣的程度。

「父母適度誇獎孩子並沒有什麼問題，但有些情況與其說是誇獎，不如說是過度恭維。不少家長就連瑣碎的事情，如吃飯、換衣服和洗澡，也都這麼做。「這種環境中長大的孩子，到了學校也會要求教職員這樣做。他們會說：『老師，我吃完午餐了！』、『老師，我換好體育服了！』或『老師，我有洗手！』試圖得到讚賞。然而這是會成癮的，要是沒有達到他們的要求，就不會滿足。」

人們被稱讚時，大腦中的多巴胺和血清素會大量分泌，因此獲得快感。適度的刺激確實能讓人感到快樂，但若每天發生幾十次，人們就會成癮於這種快感，要是沒有經常被誇獎，就無法滿足。原理就和興奮劑、海洛因或其他違法藥物的成癮者所追求的強烈快感一樣。

校長告訴我近期最令他感到驚訝的案例，發生在小學五年級的班級：

這個班級中有個孩子，每件事一天都要自誇十次、二十次。到了十一歲時，他還會試圖透過能使用筷子和正確的握筆方式，尋求他人的認可。

面對其他學生，年輕的班導師也都按照孩子的要求誇獎他們，他們卻開始得意忘形，甚至在上課期間也做同樣的事情，漸漸干擾了課程的進度。於是，老師和校長商量後，決定不再稱讚學生每一件事情。

從第三學期起，老師改變了態度，習慣撒嬌的孩子們卻開始出現意想不到的症狀。他們在上課和用餐時，竟過度換氣。或許是因為沒能獲得讚揚的壓力和想要引人注意的心情，觸發了這樣的症狀。而且，當一個孩子過度換氣時，甚至會引發連鎖效應，其他孩子也發生同樣的事情。

父母與子女的扭曲關係

上述案例讓我產生一個疑問，其中的根本原因不就是家庭中的親子關係嗎？至少這些孩子們並不是天生就有上述症狀。

關西地區一名五十多歲的女老師說：「現在的父母正陷入不曉得要怎麼疼愛孩子的困境。父母不知道要跟孩子保持什麼樣的距離，和自己身為家長的定位是什麼。所以，他們不是把孩子當成玩具操控，就是小心翼翼的對待。這樣就會產生扭曲的關係。」

這名老師舉出以下三種扭曲的關係。

第一種是「過度干涉」。父母認為自己必須決定孩子的一切，包括交往的朋友、玩耍的內容、要學的才藝等，全部都要由父母指定。舉例來說，就是第一章提到的教練化和經紀人化父母。

成長於這種家庭的孩子沒辦法與父母分開。所以，孩子一旦遠離父母就會感到不安，且忍受不了孤獨。近年來，父母跟孩子一起上下學，或是站在走廊監視上課情形的例子正在增加，其中一個原因就是過度干涉。

第二種是「跟孩子成為朋友」，這常見於母女之間。若是母子則會形成偽情人的關係，這種媽媽會把自己跟兒子出門稱為「約會」，並感到歡喜。

一旦成為朋友關係，父母就會跟孩子討論戀愛話題，或是深夜帶子女去居酒屋或酒吧。這種親子對話方式，與其說是父母和子女交流，往往更像是女生談心或戀人間的情話。

第三種是「奉承子女」。父母因為擔心孩子心情不好，必須不斷觀察他們的表情。為了讓孩子開心，就會事事吹捧。

早起時就摸摸他們的頭說「好厲害」、紮起頭髮就拍手說「好可愛」。這彷彿讓孩子穿上國王的新衣，使他們誤以為自己比現實還要偉大。

這三種父母有個共通點，那就是不必要的疼愛和誇獎。親子關係應該要劃清界線，該嚴格的地方就要嚴格。然而，上述的關係讓父母沒辦法這麼做，只好事事讚美他們。

為什麼親子關係會變得如此扭曲？女老師這樣分析：

「孩子自幼起，就是單方面聽從父母的命令。其他時候只要吃飯、洗澡、睡覺，一天就結束了。這就是年長的父母和年幼子女之間的關係。

「然而，孩子進入小學後，性格開始發展、擁有主見。此時，父母必須和面對成年人一樣面對孩子。當父母不知道該與孩子建立什麼樣的關係時，就會像對待好朋友一樣對待子女，如女生間談心，或是過度體貼和奉承對方。」

只有糖果變甜，鞭子逐漸消失

假如真像這名老師所言，這個問題和學齡前兒童的家長所面臨的相同，小學生的父母也沒有「榜樣」，必須從零開始建立自己的版本。對此沒有信心的父母，就會從別的地方，強行挪用一個既存的形象。

老師繼續說道：

「現在的父母會將誇獎視為一種手段。例如，為了讓孩子做功課而稱讚他們是天才，或是稱他們打掃專家，誘使孩子整理房間。誇獎已經成了誘餌。

「這樣的孩子並不了解做這些事的意義，單純是為了被表揚才做。所以，當他們到了某個年齡，周圍不再有人讚美自己時，就不會想要主動去做。」

過去，面對不聽話的孩子，父母會大聲斥責或體罰，卯足了力強迫孩子做事。不過，如今這麼做很可能被舉報家暴，或涉嫌虐待。因此，父母們就會試圖以「誇獎」操縱孩子，千方百計討孩子歡心，設法讓他們聽話。

父母過度誇獎的現象是從什麼時候開始的？一名男校長表示：

「我的印象中，馬拉松選手高橋尚子獲得奧運金牌（按：二〇〇〇年雪梨奧運）時，將此殊榮歸功於培訓時曾受教練誇獎，才得以有堅持下去的動力。感覺上就是從那個時候起，逐漸形成這種風氣。

「二十多年過去，反對虐待和體罰的意識高漲，誇獎教養法因此誕生。或許這是對於以前盛行體罰的時代的反彈。我們常說『糖果與鞭子』（按：獎勵與懲罰並行的兩手策略），感覺現代就只有『糖果』不斷變甜。

「我認為這種現象並不健康。鞭子有很多種，糖果也一樣。然而，因為現代父母不想被社會貼上虐待、家暴的標籤，使得他們不得不以誇獎取代懲罰。與其說是疼愛，不如說是社會風潮迫使父母這麼做。」

無論是體罰或過度誇獎，都是錯誤的做法。

父母理應思考什麼措施對孩子最好，並靈活以對，卻因為做不到這一點，才斷然走向其中一個極端。

孩子們的「誇我上癮」，或許就是父母們迷失的象徵。

4 學生變少，校園暴力反增

許多人都說現在的孩子比以前乖巧。但實際上，校園暴力正在以前所未有的速度增長。

說起校園暴力，多數人的印象或許是不良學生反抗老師，或是破壞學校的玻璃窗和大門。

日本文科省二〇二二年度〈兒童學生的問題行為與拒學等學生指導課題相關調查〉指出，高中以下（含）發生的暴力行為有九萬五千四百二十六件，為二十年前的二．八倍。

同時，學生的數量正在減少，因此在教育現場的實際感受更加明顯。

是什麼樣的孩子會做出暴力行為？從左頁圖表2可以看出，相較於國、高中生，小學生暴力行為的案例呈直線上升。

東北地區（按：日本本州東北部，與北海道隔海峽相望的地區）一名五十多歲的男校長說：

「以前的壞孩子會在校園裡互相鬥毆，或是在教室裡搞破壞、毀損物品，霸凌則以身體暴力為主。不過，現在的校園暴力情況並非如此。

「取而代之的是，不適應班級且心智不成熟的孩子，帶著恐慌的情緒傷害別人。當有

圖表 2　高中、國中、國小學生暴力行為發生件數

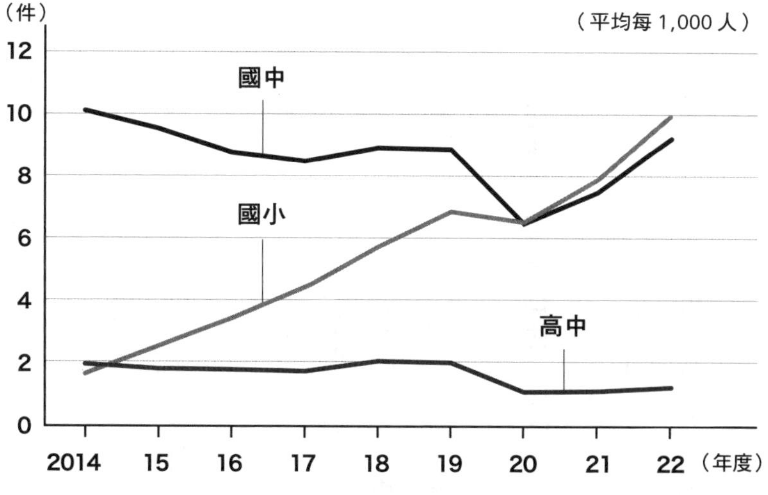

出處：日本文部科學省 2022 年度〈兒童學生的問題行為與拒學等學生指導課題相關調查〉。

人說了不合他意的話，就惱羞成怒，猛然毆打對方或推開老師。」

該間學校在我到訪的前幾天，就發生了學生對老師施暴的事件。

當時，某個三年級的班級正在大掃除，其中一名男學生不斷戲謔男老師，對其「千年殺」（按：將雙掌合起，以雙手食指大力突刺他人的肛門區域）。

當老師試圖甩開他時，偶然碰到了學生的眼睛。結果，那名孩子恐慌的喊著：「太過分了！」並用手上的拖把襲擊老師，打壞了眼鏡，也傷到老師的臉。

校園暴力的定義，是因學校生活而引發的暴力行為，包括對教師施暴、學生間暴力相向和毀損器物。雖然上述事件看似心智不成熟而發脾氣，但從定義上來看，就是典型的校園暴力。

老師們普遍認為，在**小學的校園暴力中，年級越低越容易發生**。同時，也有統計資料可以證明這一點。

左頁圖表 3 是依年級劃分，比較二〇一四年、二〇一八年及二〇二二年，小學中曾有暴力行為的人數。從圖表中可以得知，每個年級的暴力事件數都在增加，且低年級的增長幅度比高年級更加顯著。

就如男校長所指出，心智不成熟的孩子一旦恐慌起來，便會無法控制自己，進而暴力相向，或許這就是低年級的學生比較容易出現這種行為的原因。

就算是平常溫順乖巧的孩子，也會在學校犯下暴力行為。為什麼會發生這樣的情況？

關西地區一名四十多歲的女老師說：

「會在班上製造出問題的孩子，多半覺得所有事都要如他所願，而這一類型的孩子正逐年增加。他們生活在一個前

圖表 3　校園暴力中有暴力行為人數（年級別）

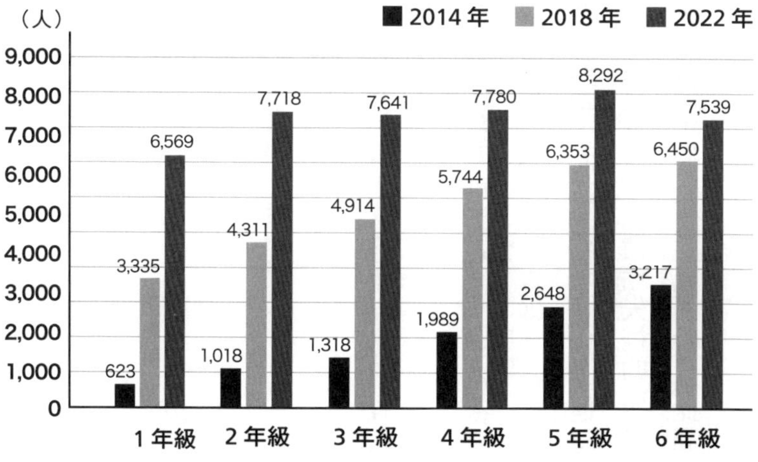

出處：日本文部科學省 2022 年度〈兒童學生的問題行為與拒學等學生指導課題相關調查〉。

提之下，那就是周圍的人都要配合自己。

「這樣的孩子無法如願以償時，就會勃然大怒，沒有辦法接受現實。所以，假如發生意料之外的事情，就會用過分的言詞責罵對方，甚至動粗。」

老師提到，這樣的孩子正在增加的原因，與父母的溺愛有關。如果父母只提供孩子成功的經驗，並以誇大的言詞讚美，孩子鐵定會變得妄自尊大。

他們認為一切都要符合己意。所以，如果朋友或老師沒有回應自己的期待，就會擅自認定「遭到背叛」，接著就會怒氣發洩在對方身上。發生在教室裡的校園暴力，就是這些孩子們情緒爆發的結果。

以前述那位用拖把攻擊老師的孩子為例。對該名男同學來說，捉弄老師是想要表現自己對老師的（笨拙的）愛。他想藉由這種互動跟老師一起玩。

然而，他的舉動已經超出老師所能接受的範圍，而當老師試圖擺脫他時，不小心碰到他的眼睛。這一瞬間，男孩覺得期待遭到背叛，於是情緒失控的襲擊老師。

這樣想或許就能理解，為什麼心智不成熟的低年級兒童，暴力行為比高年級更加明顯。

老師一定是討厭我

老師接著說：

「很多人會說現代孩子的抗壓性低。我認為，這跟父母的溺愛脫不了關係。過於寵愛孩子的父母，就算他們做錯事也不會提醒，一想到可能會被孩子討厭，就選擇沉默。

「在這種家庭中成長的孩子，從來沒有被大人指出過錯誤，當他們突然被糾正時，就會受到巨大的衝擊與震驚。」

最近，該名老師的班上，有個學生經常忘記帶東西，同樣的事情連續發生好幾天。老師提醒他說：「你做個筆記，以免又忘記了。」

一般來說，學生只會說聲「好」就結束對話。不過，被慣壞的孩子會因此陷入低潮，覺得老師說自己壞話，或是因為討厭老師和學校，而不想上學。

大人情緒化的嚴厲斥責和指正錯誤，是兩件不同的事。年幼起就在家庭中，妥善接受指導的孩子，就會明白老師是為自己著想，進而坦然接受。

然而，缺乏這種經驗的孩童，會將所有否定自己的話當成責罵，放大「老師討厭我」、「我不想去學校」等妄想。

學童的抗壓性變低，在老師們中似乎已經是種共識。以下是幾個能讓人實際感受到這一點的例子：

- 學生在學校以非常近的距離看著平板，提醒他拿遠一點，他就當場哭泣。
- 警告孩子不能打同學，對方就以受到老師職權騷擾而拒絕上學。
- 課堂中糾正學生的發音，回到家卻跟父母告狀「老師當著全班同學的面說我是笨蛋」。
- 種植牽牛花時，其中一株枯萎了，老師指出是因為沒有正確澆水，卻被學童反駁這株牽牛花是「瑕疵品」。
- 棒球比賽中，教練認為球員的狀態不佳而中途換人，孩子卻說自己被歧視，再也不打棒球。

無論是哪個例子，大人都不是無緣無故的斥責孩子，就只是單純的指導對方怎麼讓事情變得更順利，反而是孩子們擅自認為自己平白無故遭到訓斥。

為什麼他可以，我卻不行？

隨著校園暴力行為增加，教室中的秩序越來越混亂，進而引發學級崩壞。除了暴力之外，前言中提到的沉靜學級崩壞也正在發生。然而，這對老師們來說，是難以遏止的現象。

老師無法有效教導孩子的其中一個原因，與發展障礙有關。目前的教育體制中，並沒有明確方法可以界定或應對發展障礙，因此，老師沒辦法有效指正孩子古怪的行為。

前言中提到的副校長告訴我：「雖然小學有特殊教育班，但普通班中也會出現發展障礙的學童，多半是家長拒絕讓自己的子女進入特教班或接受醫生診斷，因此被安排在普通班級。當然，也有處於灰色地帶的孩子，數量因班級而異，多則五、六人。有時，這些孩子們會在課堂上做出奇怪的行為，老師們要應付有身心障礙的孩子並不簡單。」

日本文科省二〇二二年的調查指出，就讀國小或國中普通班的孩子中，可能患有發展障礙的比例為八・八％。假如是三十五人的班級，就相當於班上有三個人。

發展障礙的症狀或嚴重程度不一，其特徵在於注意力不集中、聽覺或嗅覺過度敏感、不擅長自我表達、無法理解別人說的話，情節嚴重者可能擾亂教室秩序。

學校目前的共識是，倘若遇到有發展障礙的孩童，應該理解並接受其行為。例如，若在朝會上列隊感到很難受，那就不必排入隊伍；假如無法跟大家一起共進午餐，就在校長室吃。

不論是注意力不足過動症（attention deficit hyperactivity disorder，縮寫為ADHD）或感覺過敏（hyperesthesia，按：思想及感官上有輕度或短暫性的困擾，在致敏原〔如長期生活壓力、環境變遷等因素〕影響下，而產生過敏反應），發展障礙兒童都難以控制自己的症狀。從這方面來看，學校的方向並沒有錯。問題在於，老師們無法事先決定，誰的行為能被容忍，以及容忍程度為何，只能在事發當下當機立斷。

副校長接著說：

「假如孩子因發展障礙而擅自離開教室，老師也只能默許，或置之不理。因為無法控制他們，最終只好做出這樣的判斷。

「然而，這麼做也會影響到其他的學生。有些人會模仿，然後從教室裡消失，或是問：『為什麼他可以，我就不行？這是歧視！』

「複雜的是，會跟著這樣做的孩子，其實也處於發展障礙的灰色地帶。如此一來，也就必須同樣認可他們的行為，接著，即便是沒有發展障礙的孩子，也必須以相同的方式處理。

「假如能夠釐清這個孩子是否有身心障礙，老師們就可以做出適當的處理。然而，發展障礙和智能障礙不同，發展障礙的範圍非常大，也難以診斷，普通的辦法行不通。」

確實就如副校長所說，**發展障礙不像照護鑑定或癌症分期，沒有明確的等級或標準。每個人表現出的特徵很可能完全不同。**

同時，學校老師也不是醫學專家，不可能在多達三十五至四十個孩子的班級中，逐一分析再依個別情況因應，並讓其他孩子們理解。

在這種狀況下，老師無法注意所有孩子的行為。所以，只能忽視離開教室或坐在地板上的學生，只對還坐在座位上的孩子講課。

校園暴力也是如此。如果疑似患有發展障礙的學生失控，也無法判斷該怎麼處理。發生這種事時，也難以適當安置受到影響的孩子，而教室就越來越混亂。

從上述層面來看，或許，我們已經不能再單純仰賴老師的力量照顧學童。

5 優越感大戰

在日本，對校園生活不適應的學童們，現今多聚集於自由學校（譯註：以自由與獨立為教育宗旨的學校，和在家自學一樣是被認可的替代性義務教育，但不會授與學位證書）、兒童食堂（譯註：免費或低價提供兒童飲食的地方，同時也肩負社交的功能），以及免費補習班等場所。

假如詢問這些孩子為什麼討厭學校，恐怕只會得到同一個答案：「教室的壓力好大。」

意思是教室裡的氣氛太沉悶，讓他們無法忍受。

現今的學校由於必須徹底遵守法規，不再有公然的霸凌或體罰，取而代之的是諸多問題出現。

在學校逗留時間變長、僅憑片面資訊斷定一個人、沉靜學級崩壞、新型校園暴力、誇我成癮……這些事情成為孩子們的枷鎖，降低他們上學的意願。

東海地區一名五十多歲的男校長說：

「在現今的教室中，學生之間正上演著『優越感大戰』。他們不再像以前一樣用粗暴的言行壓迫他人，而是以陰險或間接的表達方式貶低別人，像是『沒報考私立學校的人就是廢』或『你沒有手機嗎？』

「如今，世界上充滿電玩、程式、偶像、漫畫及其他五花八門的東西，每個孩子都想在自己擅長的領域取得優勢，無論在什麼地方，都會給自己施加壓力。」

即使學校再怎麼鼓勵合作，學生們也會建立某種階級制度，並試圖稍微提升自己的地位，這在任何時代都一樣。

過去，在身材上有優勢的孩子們，會以腕力或其他簡單易懂的形式展現優越感。這時，老師只要下馬威，就能挫挫孩子的銳氣。

然而，現在的孩子們為了避免大人察覺，改用言詞貶抑別人來提升自己的優越感。對老師來說，要改善這種狀況並不容易。處理繁忙課務的同時，還要傾聽孩子的每一句話並適時介入，幾乎是不可能的任務。

校長接著說：

「現在的孩子沒有從小就接觸各式各樣的人際關係，所以待人處事的技巧糟糕得讓人吃驚。像是不懂得判讀現場氣氛、不考慮對方感受，用字遣詞也不懂得修飾。

「所以，當他們跟朋友聊天時，會輕易說出『你超弱的』或『我說贏你了』等冷酷的話。就算我們要求學生停止這樣的說話方式，他們也不知道問題出在哪裡。他們沒有能力思考這樣的話語，會給對方帶來多大的傷害。

「這種糟糕的表達方式，很快就變得普遍，所以學生們的優越感大戰會在不知不覺中，不斷增強攻擊性。」

如果加害者不具罪惡感，就不會意識到要停止這種行為。

除此之外，老師們還指出，網路上的用語和表達方式，也會讓孩子之間優越感的競爭變得更加劇烈。

比如，「草」在日本的網路用語中，是指好笑和有趣（譯註：日文的「笑」（warai）首個拼音字母「w」像是草的形狀，因此網路上以「草」表示好笑之意）。孩子們會下意識說出「這傢伙成績太差了草」或「有夠草」，以為加入網路用語，就不是在侮辱對方，但聽到這些話的人應該會受到很大的打擊。

此外，孩子也會頻頻使用曾流行一段時間的「那只是你個人的感想吧」（按：日本教育出版公司倍樂生於二〇二二年公布之小學生熱門詞彙第一名，出自日本網路論壇2ch創辦人西村博之在節目上說過的話，指對方的論點只是個人看法且無事實根據）。說出這句話的人，或許覺得自己只是講了一句流行語，但從對方的角度來看，則會覺得對話被單方面打斷，就和完全遭到否定沒兩樣。

若在人際關係中使用這種方式交流，孩子們會不自覺的感受到壓力。

請用動漫角色的名字稱呼我

如今，學校教室裡正在上演優越感大戰。假如孩子懂得適應，或許就可以順利應對，否則他們會被他人的言語傷害，最終筋疲力盡。

這樣的孩子為了保護自己，就會選擇「角色化」。

關西地區一名四十多歲的女老師說：

「學校一直告訴我們要展現個性、表達自我。這對建立主體性很重要。

「然而，較脆弱的學童仍不願意表露真實的自己。如果在大家面前展露特質或表達意見時被其他人否定，那不是很難受嗎？他們所承受的衝擊，就像自己整個人格都被否定。

「因此，他們不會做自己，而是扮演其他形象。有些人稱之為『角色』，而他們的做法也確實像在飾演某種角色。

「假如在班上假裝自己是某個角色。就算遭到周圍的人取笑，也只是角色的性格受到否定，而不是自己，心情就會輕鬆許多。」

日本筑波大學人文社會系教授土井隆義，早在他二〇〇九年的著作《角色化／被角色化的孩子們》（中文書名暫譯）中，就指出了孩子們角色化的現象。女老師表示，從這本書出版後已經過了十五年，角色的種類也不斷變多。

這些角色的形象包含開朗、陰沉、噁心、天真、被調侃、有魅力、愛吐槽、認真、御姊（按：外型、個性和氣質上較為成熟的年輕女性）及療癒等。

孩子們也會根據角色的形象，幫其他人取綽號。例如，有個扮演陰沉角色的學生叫日高太陽，性格形象和本名給人的感覺相反，於是大家給了他一個「冷顫男」的綽號。

就這樣，孩子們在教室裡扮演不同的角色度過校園生活。開朗角色永遠都快樂開朗，被調侃角色則總是被其他人捉弄。

因此，**就算他人的話傷害到自己，也只會覺得這就像電玩一樣，能夠減輕痛苦**。假如扮演得不順利，只要「換角」（換個角色），變身成其他角色就行了。

寶可夢是我的鎧甲

不久之前，這名老師在小學六年級擔任班導師，孩子們將自己投射在動漫人物身上，用動漫角色的名字互相稱呼，待人接物就像在演戲一樣。

小學六年級即將度過一半時，老師撞見走廊上幾個男孩正在戲弄D同學。

D同學體型肥胖，他在班上自稱《寶可夢》（*Pokémon*）中胖嘟嘟的角色「卡比獸」，是一隻隨時都要吃、睡的療癒角色。當時，男孩們要D模仿卡比獸。

老師叫住這些孩子，警告道：「一群人聯合起來捉弄同學，可是會變成霸凌的。絕對不能這樣做，知道嗎？」

男孩們全都露出不服氣的表情。老師問他們想說什麼，其中一個孩子回答道：「我們才沒有捉弄人，只是因為他是卡比獸，所以才叫他卡比獸。」

其他孩子也點點頭，老師堅決的說：「D同學才不是卡比獸，D同學就是D同學。你們要想想他的心情。」

結果，D反而說：「老師，別再說了。反正我不討厭卡比獸，而且我們只是在玩而已。」

老師表示：「你不需要扮演這種角色。大家也不要叫D同學卡比獸，要好好叫出對方的名字，好好相處。從現在起，不准在班上用奇怪的綽號叫人。」

孩子們一臉厭煩的「嗯」了一聲就離去。

從隔天起，D同學就常常請假，漸漸不去學校了。出了什麼問題？

幾天後，老師打電話到D同學家裡詢問狀況。D說：「自從老師叫我別再自稱卡比獸後，我就不曉得要怎麼在大家面前表現。我沒有信心跟大家交往。」

恐怕D在扮演卡比獸這個角色時，就算被捉弄，也只是認為被取笑的不過是卡比獸而不是自己，並藉此設法跟其他孩子維繫交情。

對他來說，**角色就像是「守護心靈的鎧甲」**。然而，當老師禁止在學生這樣做時，他就不知道該怎麼跟同學相處，於是乾脆請假不上學。

儘管社會上隨處可見「做真實的自己」或「以原本的自我生活」這些言論，在校園中卻發生完全相反的現象。

6 八成小學生都報考私立國中

日本首都圈（按：以東京為中心的都會區，狹義上指東京都、神奈川縣、千葉縣、埼玉縣等一都三縣）的小學中，正在發生一種現象，稱為「第三次國中應考熱潮」。

首都圈模擬考中心的分析指出，二〇二四年國小生中每四．七人，就有一人選擇報考國中（按：日本為九年義務教育，公立國中大都免學費，亦不設入學考試，但為了提高競爭力，不少人選擇報考私立學校）。由於首都圈有很多私立完全中學（按：即同時設有國中部及高中部的中學校，使國中與高中間的教學更連貫），公立國小的班級中，高達六至八成的人報考國中也並不罕見。

如果孩子是憑自己的意志，想要提升學業能力而努力用功備考，我們當然應該樂見其成。

與我幼年時期相比，我感覺現在的小學生普遍勤勉，在英語會話、對外國文化的了解及國際觀等方面，有飛躍性的成長。想必這是學校教育和考試制度的成果。但有老師指出，**應考熱潮越激烈，班上的氣氛和人際關係就越扭曲**。

市中心一名四十多歲的公立小學男老師表示：「在我們學校，班上有七成學童會參加國中入學考，應試者占了多數，而非應試者成了少數。這樣一來，不論是學生間的話題、課程進度或日常生活，都需要配合應試組的考生，所以非應試者可能會覺得不安，或認為自己落後。」

為了考取國中，現在的學童通常從小學三年級的冬天，就必須開始準備。他們每週要上好幾次補習班，暑假、寒假及春假也要參加講習或訓練營，儘早完成小學學業，以便專注於志願學校的應試策略。父母也因此支付了高額的費用，包括從接送孩子補習、檢查功課到學校觀摩等各種相關活動。

這些考生會發生以下的事情：

- 孩子們會依就讀的升學班、所處的班級及志願學校，對自己的等級進行排名。例如，就讀知名A補習班的孩子會瞧不起B補習班的學生，或是說「我在A班，她在C班」來嘲笑別人。

- 升學班或父母為了讓孩子用功，就說：「現在是否努力，將會大幅改變你的人生。」或「只要進了私立國中，人生就會變得非常輕鬆，包括大學考試也是。」孩子們會將這些話帶到班上，對沒有參加升學考的孩子說：「你的人生要完了。」、「再不用功，你就會變成尼特族（譯註：指不就業、不就學及不進修的年輕人）。」等。
- 也有父母會以補習班的成績來評價孩子，談論誰家的小孩很厲害，或哪個孩子可能會落榜。聽到這些話的學生就會以同樣的眼光看待其他同學。

老師所擔心的是，當班上的考生占了多數，無須應試的孩子們就會感受到不必要的壓力，或是感到自卑。

男老師接著說：「我深切感受到，自從考生在班上占了將近半數起，沒有參加入學考的學生們自信心降低。最近，小學五年級學生間的對話，盡是考試的話題。班上有七成的孩子會大聲炫耀，自己已經在補習班學完小學六年級的課程；或是說如果因為落榜而只能進入公立學校，人生就完蛋了。」

當那些不需要應考的學生聽到這些話，就會覺得在學校學習沒有意義，或是要就讀公立國中的自己，比不上別人。而無須應考的人又是少數，無法反駁多數人的聲音。

我過去也是就讀公立國小，四十年前，報考國中入學考的學生約莫兩成（即便如此也算很多）。班上以升上公立國中為主流，也不會對此感到羞愧，而應試者即使是少數，也會因為成績較優秀而有自信，所以不會感到不自在。

不過，現在在大都市中，這個比例已經大幅逆轉。班上非應試組的人數約占三成，其中包含不上學的學童，因此，實際在上學的約為兩成。如此一來，非應試者完全是少數。

這名老師和我分享了自己擔任小學五年級班導師的經驗。

在他的班級中，大多數的孩子預定要參加私立學校考試。隨著小學六年級將近，學生們休息和午餐時間都在聊考試。同時，沒有要應試的學生也逐漸開始請假不上學。

老師與請假的孩子聊過之後，聽到了以下想法：

「我從以前就很喜歡畫畫，也一直都有去上繪畫課，還曾在學校比賽裡獲選優秀作品。不過，自從其他同學對我說『畫得再好對考試也沒幫助』、『用ＡＩ就好，何必自己畫』，我就開始厭惡起這一切。」

「我家有四個兄弟姊妹，因此沒有資源讓我準備考試。放學後也只是一個人在家做習題，不會去補習班。結果，有個同學說我是窮鬼，其他人也跟著他這樣說。待在班上真難受。」

一個班級裡，有擅長唸書的孩子，當然也有不擅長的。過去我讀國小時，成績好的孩子參加考試，而擅長其他事情的孩子就去做其他事，這樣就可以了。然而，一旦班上大部分人都要應考時，就沒辦法這樣說了。

老師管理班級的各種阻礙

在考生很多的小學中，老師在管理班級時也會出現各種阻礙。

一名同樣來自東京，四十多歲男老師說：「許多考生的家長會提出各種要求。

長期以來，都有家長希望學校提高課程難度，改成升學班，否則就讓孩子請假。或是為了避免耽誤到補習班的課程，希望我們提早放孩子回家。我的印象中，大約十年前，直到六年級的第二個學期後（按：約九月至十二月，相當於臺灣的六年級上學期），才會出現這種父母，不過，最近從五年級開始，甚至是四年級時，就有家長會提出這些要求。」

這名老師待的上一間學校曾發生過一件事，改變了老師們應對此事的方式。

有一天，家長向學校陳訴，希望能將為了備考而缺席的紀錄視為出席。年邁的校長沒有批准，並且說明：「學校不只是培養學歷的場所。這麼做也會影響其他孩子對學校的態度，請確實讓學生出席。」

家長非常憤怒，在社群平臺上指名道姓的批評學校和老師。內容是「孩子遭到學校無意義的束縛」、「學校老是讓孩子做沒有意義的事，妨礙孩子用功」等。網路上也出現很多贊同的聲音。

校長擔心受到批評，決定彈性處理。結果就是，考生們紛紛開始請假，最終演變成六年級考生在十二月至一月間集體缺席。由於僅有二至三成的出席率無法開課，只能讓到校的學生集中自習，其他活動則延期到國中升學考結束之後。

老師說：「除了學習方面之外，學校也會收到其他要求。最近就有家長不希望學生上體育課。理由是假如孩子累了，就會妨礙到他們準備考試，要是骨折或受其他重傷就更嚴重了，所以拒絕讓孩子跑步或打球。就算父母沒有直接跟學校說，也曾有學生在聽到父母這麼對他們說之後，就不肯上體育課的案例。」

其他老師也分享了家長們類似的要求：

- 每一分每一秒都要珍惜，一天都不能浪費。所以希望校外教學或畢業旅行能夠當天來回，不要過夜。
- 在音樂、綜合學習（按：強調在「寬裕教育」中培養生活能力的課程）等與應試無關的課程開放自習。
- 為了進行考前健康管理，要學校開放孩子帶便當，而不是吃營養午餐（按：在日本，所有小學和大部分國中的午餐為強制性）。
- 家長希望營養午餐中能添加據說會改善頭腦的堅果、藍莓及香蕉。
- 學校為了不上學的學童，有另外準備教室，所以希望學校也能為考生準備自習室。

• 因為不想讓自家孩子在考試前染病，所以希望全校學生都接種流感或新冠肺炎的疫苗。

我曾參訪過一間小學，聽說那間學校的學生一旦升上六年級，營養午餐的剩飯就會突然增加。六年級是胃口正好的時期，為什麼會發生這種事？

答案是，許多孩子聽到補習班或父母說「吃飽就會想睡，所以不能吃太多」、「八分飽最適合學習」，於是就養成將餐點吃剩的習慣。尤其是考試前夕的一月，班上有半數以上的人會為了唸書或預防傳染病而缺席，於是剩飯就多到慘不忍睹。

這間學校的老師苦笑道：「照理來說，每個考生應該都很熟悉（考試常出）食物浪費的問題才對。」

從小只專注於考試的孩子

一旦國中入學考的競爭越激烈，所有人所承受的壓力也越大。其中，甚至有孩子直接放棄考試。

老師們舉出了兩種考生模式。

第一個模式出現在國小四至五年級，那就是成績沒有進步而放棄應考。

不論是追尋夢想，還是背負父母的期待，而專心一意用功唸書，這份努力都不見得會開花結果。

遺傳對於學習能力的影響不小，但是，擁有高學歷父母，不代表孩子將來也會是高學歷。日本慶應義塾大學名譽教授安藤壽康，在《教育會勝過遺傳嗎？》（中文書名暫譯）中指出：

學業成績的遺傳率

國小生：二五％～五五％。

國中生：一四％～四〇％。

安藤壽康提到，學習能力的遺傳雖然由基因決定，卻會在年齡上出現差異，這是因為國中生比國小生更容易受到環境影響。

在激烈的競爭中，如果無法提升自己的成績，對學生來說非常痛苦。當競爭對手不斷領先時，會感覺到自己被人藐視、努力沒有意義，不管做什麼都贏不了。只要這樣想，就會逐漸失去讀書的動力。接著和父母商量後，只能含淚退出考試。

第二個模式是用功備考、心力操勞導致心靈生病。

為了升學而用功到小學六年級的孩子，就算成績停滯不前，也會努力挑戰到最後，想必是因為事到如今也不能罷手。

這樣的考生會陷入考前憂鬱。考試壓力、學習疲勞，以及必須努力的緊張感，將會引發類似憂鬱症的症狀，有一天身體就突然垮掉，嚴重時甚至臥床不起。

與大人的憂鬱症不同的是，兒童憂鬱症難以察覺。大人們會有自覺，並自行到醫院看病，孩子卻只會描述「睡不著」或「頭好痛」等症狀。父母也不會聯想到憂鬱症，於是病情就逐漸惡化。

在瀰漫著應考熱潮的教室中，無論是學力不振或考前憂鬱，放棄應考時就會被當成輟考。父母間流傳「聽說那孩子不上補習班了」或「他好像也放棄考試了」等話題，甚至會傳到孩子們耳裡。

學校的老師指出，**比起不參加入學考，輟考更讓學童覺得丟臉**。關東地區一名三十多歲的男老師說：「可憐的是到小學六年級才放棄考試的孩子。這樣的孩子多半從幾年前就放棄學其他才藝，專心考試。因為也不怎麼跟同學玩，所以**一旦失去考試這項支柱，就像是整個人被掏空一樣**，不知道自己要做什麼。既不能跟應考學生交往，也很難融入非應試組。有的孩子甚至會因此不來學校。」

人生很長，把這當作人生其中一個階段，努力過就好。不過，從小就只專注於考試生活的孩子，或許很難這樣想。

7 請假理由越來越荒唐

如今，小學面臨最大的課題，是拒學。

新聞時常報導不上學的國中小學童激增的消息。二〇二三年日本文科省發布的資料指出，國小和國中不上學的學生數量約為三十萬人。從左頁圖表 4 中可以看出，這幾年來人數呈上漲趨勢，當然，其中也包含新冠肺炎的影響。

文科省對**不上學的定義，是「一年缺席三十天以上」。人數的比例是國小生每五十九人就有一人不上學，國中生則是每十七人就有一人**。

數據已如此驚人，現實狀況卻是更糟糕。原因在於學校的出席天數中，暗藏了一些玄機。

大多數人對於「出席」的印象，是坐在教室的座位上聽課，在《大辭泉》

圖表 4　國中小不上學學生數逐漸增加

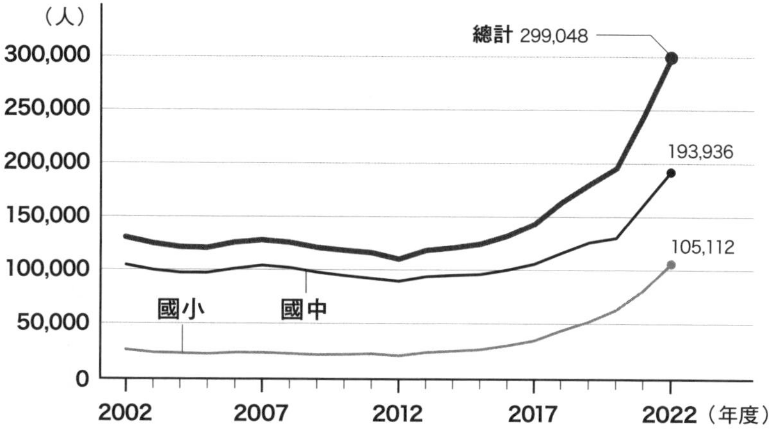

出處：日本文部科學省 2022 年度〈兒童學生的問題行為與拒學等學生指導課題相關調查〉。

（按：日本小學館所發行的中型辭典）上也寫著「出現在集會或學校的課堂上」。不過，現在的情況正在改變。

比如日本有自由學校和其他開放不上學兒童就讀的民間設施，假如前往這些政府批准的機構上課，就等同於在學校出席。此外，就算沒有進入教室，只在校長室或保健室露臉幾分鐘，也可以視為出席。

再者，假如在醫院診斷為憂鬱症或其他精神疾病，就會視缺席為病假，與因為其他因素而不上學的待遇不同。據說，有些學校為了減少缺席人數，會積極勸說學生到醫院就診。

這樣的措施對不上學的學生來說並不是壞事。這些孩子對於自己不能去學校感到非常內疚，還有的孩子因此感到自卑，不只是白天，就連晚上也不想外出。

對這種孩子來說，如果到附近的自由學校吃二十分鐘的便當即可視為出席，多少能減輕壓力，也能成為邁向康復的一步。

既然三十萬是不符現實情況的數字，那麼，如果連「拒學預備軍」都包含在內，實際上的數字會上升多少？

大多數老師的看法是，現實中的情況是統計資料的一倍以上。雖然依地區、學校及班級而異，不過，仍有少則一成至一成五，多則兩成的學生，實質上不上學。

實際一窺國小或國中的教室，三十五人的班級中，有四、五人請假並不罕見。

請假不去上學的是什麼樣的孩子？以下將介紹我在取材時遇到的男孩。

在盛夏穿著大衣

這位小學五年級男孩的優點是很有活力。他的成績普通，但很會運動，朋友也還算多。

男孩一直到第一學期都還有上學，沒有遲到和缺席，暑假也經常到學校踢足球。然而，他從第二學期開始的三天前，就無法早起。即使從棉被裡爬出來，也會說「肚子痛」或「頭暈」，一直躺在沙發上，沒有辦法出門。

即便進入第三學期，他的症狀也沒有改善，雖然在醫院接受了精密檢查，卻找不到問題。醫師診斷為精神方面的問題，於是男孩就這樣窩在家裡，不去學校。

我見到男孩時，事情過了將近一年，他已成為六年級學生。從六月底開始，每週有兩、三天，在午休時間去遇不到其他學生的校長室領取營養午餐。那一天正值七月盛暑，他卻穿著冬天的黑大衣、戴著口罩、穿著長褲。

他告訴我：「我還沒有辦法進教室，只要走到附近就不能呼吸。要是進入教室大概會真的斷氣，肚子也非常痛。好可怕。」

我問他為什麼要在夏天穿著大衣，他回答：「因為很冷。不知道為什麼，我只要一外出就覺得好冷。」

說完，他就將大衣的兜帽戴上。

正值夏天的七月，不太可能會冷到需要穿得如此厚重。我的腦海裡掠過認識的精神科醫生曾說的話：「越是不安的孩子，就越想用口罩或帽子遮住臉孔。」這個孩子一定也是處在不安當中，試圖藉由大衣或口罩自我防禦。

同一間學校五十多歲的男老師說：「以前的案例多半是性格較懦弱的孩子，先是請假，接著漸漸不來上學，現在當然也還有這樣的孩子。但更多是本來能普通過著學校生活，有一天卻突然請假，不再來學校的案例。他們給人的印象是突然關上心扉，堅決不肯出門。」

教室裡各種競爭所形成的壓力如此激烈，有一天，或許孩子們就會像杯子裡溢滿的水一樣，達到極限而無法上學。

保健室得預約

近年來，學校和教師為了緩和教室內冷漠的人際關係，每年會換班一次、每個月也都要換座位，卻仍然無法消除學生的壓力。

許多學校會為忍受不了教室壓力的孩子，另外準備教室。一般會利用輔導室或圖書館等空間安置這些學生，但若人數太多，就會開放沒有在使用的教室。

在這樣的教室中，通常會指派副校長、沒課的老師及輔導老師或社工等人看顧，而學生們則在室內自習或閱讀。

在我採訪過的學校中，規模最大的是分別替低年級、中年級和高年級各準備了一間專用教室，每間教室都聚集了十幾名孩子。此外，學校也有輕度發展障礙兒童的特殊教育班。

除此之外，保健室也是學生尋求心理照護的地方。東海地區一名三十多歲的女性保健室老師，分享了她在國小和國中的工作經驗：

「許多忍受不了教室氣氛的學生，會在不上學前來到保健室。大多都是表示自己頭痛或肚子痛。

「不過，仔細詢問會發現，他們說的是一旦去學校就頭痛，或是待在教室一小時以上就肚子痛。這顯然是心理因素引起，而非疾病導致的頭痛或腹痛。就和得了憂鬱症的大人上班時會出現這些症狀一樣。

「成為國中生後，學生更懂得如何將情緒轉化為言語，於是就會逃離教室來到這裡，說他撐不下去、已經到了極限。他們會在內心崩潰之前，察覺到自己內心的不適，而跑到保健室避難。

「我為了找出其中原因，會問他們發生了什麼事或什麼事情到了極限。但是，能夠好好回答的國小生和國中生非常少，小學生基本上為零，國中生則是三人中就有一個人答不出來。他們只是茫然的覺得教室讓人難受，無法了解背後原因或自己想要怎麼做。」

我的經驗也是如此。過去我曾經從沖繩到東北地區，採訪十幾間自由學校，但當我詢問學生不上學的原因時，他們大都給出同一個答案，那就是「我不知道」。在教室中感覺到壓力，不單只是由一個問題造成。他們不會逐一解析，也不會轉化為言語思考，而是直接視為「總之就是壓力很大」。而當壓力達到一定程度時，就會立即逃離現場，所以無法掌握自己不能待在教室的理由。

保健室老師繼續說道：

「老實說，要是孩子們無法具體回答不能待在教室的原因，我們也無計可施。假如學生能透露自己是遭到霸凌，或沒辦法用功讀書，就能根據原因指導他們該如何改善。不過，如果連當事人都不知道，就什麼也做不了。我能做的就只是叫他們放輕鬆，直到情緒冷靜下來。

「根據國家現今的方針，面對不上學的孩子，目前的做法是看顧，而不是說服。等待他們的內心康復，並依自己的意願回到學校，是最好的選擇。不過，光是看顧就能自然康復的孩子並不多。以現狀來看，與其說看顧是最佳方案，不如說是沒有其他對策，而用消去法得到的選項。」

這名保健室老師任職的學校，不上學的孩子在新冠肺炎期間增加將近三倍。他們平時在校不太懂得如何與人建立關係，即使如此還是設法掙扎，沒想到新冠肺炎降低了請假不必到校的門檻。

同時，大批的孩子湧進保健室。**來到保健室的孩子越來越多，因此，有不少保健室開始嚴格規定每個人的使用時長**。大部分學校限制每人約一小時或四十五分鐘，但也有地方只會給予非常零碎的時間，例如二十或十五分鐘。

保健室使用者激增的學校，甚至引進預約制。規定每人只有二十分鐘，當天上學前由當事人或家長聯絡學校預約時段。接著，學生可以向保健老師傾訴，或是躺在床上休息。

一名關西地區的老師說：「保健室預約額滿時，如果校內突然有其他孩子受傷或不舒服，就無法及時處理，所以我們學校又另外準備了一間教室，並請沒有課的老師幫忙。」

雖然老師們的奮戰令人佩服，不過現今的情況，已經演變成超出保健室能夠處理的範疇了。

營養午餐不好吃就要請假

每年黃金週（譯註：黃金週指日本從四月底至五月初，由多個節日組成的連續假期，包括昭和之日、憲法紀念日、綠之日和兒童之日）或暑假結束時，媒體們就像是串通好一樣，固定散播這樣的言論：「假如不想去學校，就不必去。」報紙或電視上，會有知名作家或藝人描述自己不上學的經驗，談論不去學校對自己的好處。

我也不認為孩子一定要去學校。要是學生無法忍受，請假是一種選擇，我們應當尊重。

話雖如此，不過也有老師指出，「我不必上學」的聲音正在成為學生逃課的藉口，就連可以上學的孩子也都因此缺席。

九州地區一名四十多歲的男老師說：

「我覺得，上學的重要性一直以來都在逐漸降低，而新冠肺炎後這個趨勢更加明顯。在小學，因為全家要出遊變成天經地義的請假理由，連假前，班上就會有兩、三個人缺席。

「近年來，請假理由也開始從外出旅行，變成親戚來訪或籌備週末的生日會。假如要玩樂，為何不選在週末？不過，現在的父母，似乎都在週末忙於自己的『單人露營』或『媽媽飲酒會』。」

不只是父母的安排，孩子請假的原因也越來越讓人難以置信。在這次的採訪中，出現了諸如：成長痛、運動會的疲勞還殘留著、今天的營養午餐不好吃、討厭當值日生、唱卡拉ＯＫ唱到沙啞、打電玩打到頭痛等缺席的原因。

孩子們心中越覺得上學不重要，對自己用來請假不去學校的理由，門檻就越低。然而老師們必須尊重孩子的「意願」，因此只能回答「想來的時候再來吧」。這樣一來，學校的意義也逐漸變得淡薄。

讓老師們苦惱的是，如何在這種狀況之下回應不上學的孩子。

假如學生完全拒絕上學，可以留在家裡直到他們感覺好一點。但是，不上學的學童中，其實也有很多真心想去學校，卻不知道自己該怎麼辦的孩子。

面對這樣的孩子時，需要周圍的大人伸出援手，替他們製造上學的契機。不過，如果學校的意義淡化，老師就很難主動這樣做。

前述的老師提到：

「現在，如果不想就不必上學的觀點，已經成為多數人的共識，甚至有人認為強制孩子上學是職權騷擾，這種想法也逐漸成為主流。政府所下達的方針也一樣，在孩子有意願回到學校前，只能默默等待。教職員們其實都很擔心，也想要為他們做些什麼。但是，假如我們出於好心而做了什麼，可能反而會被認為是強迫學生。所以，不如什麼都不做。

「雖然這確實減輕了學校的負擔，卻是將解決拒學的課題全都丟給家長和孩童。這等於要求家庭解決問題。

「然而，孩子無法自己處理，父母若想設法幫助孩子，就必須大幅改變生活方式。因此導致家庭破裂並離婚的案例也不在少數。」

「不必去上學」是真的嗎？

假如完全交給家庭解決，父母就必須跟孩子溝通，並決定將來的方針。其中，父母的應對方式大致分為兩種。一種是在家裡待到康復，另一個則是去自由學校等機構。

若是前者，由於不能讓患有心病的孩子一個人待在家，必須有人陪伴，雙薪家庭父母的其中一方就需要請假或辭職，造成的經濟和精神負擔並不小。不上學的時間拖得越長，家庭功能越容易失調。

後者則是將部分負擔外包給專業人員。不過，就讀自由學校每月需要數萬日圓的費用，且幾乎所有孩子都無法自己通勤，必須另外安排接送。

然而，不同的自由學校，在教育方針上有極大的差異。有些會教導孩子學習，有些則是讓孩子們玩一整天的遊戲。

有時，當家長將孩子送進學校後才發現，高達九成的學生有發展障礙。因此，要找到適合的自由學校，並持續就讀幾個月至幾年，不是一件容易的事。

我曾詢問過四國地區（按：日本四大本土島嶼之一，位於日本國土西部偏中處）一名四十多歲母親的經歷，她說：

「孩子一退學，我的人生規畫就應聲崩潰。我捨棄了職涯、無法出去旅行，也不知道要怎麼償還貸款。不只是夫妻間意見出現衝突、感情惡化，兄弟姊妹也會互相比較。

「不是每一個不上學的孩子，都能在這段期間磨練出特殊技能，當上搞笑藝人或漫畫家，並獲得卓越成就。我們都知道，不成功的人遠遠比成功者還多。

「儘管如此，我卻聽到許多無關的人，說出『不上學也沒關係』或『只要相信孩子，並好好照顧他們就好』等風涼話。」

我並不是要說這代表所有拒學兒童父母的心聲。

日本文科省的調查指出，包含函授（按：遠距教學的方式之一。學校會將教材寄送給學生，學生可自由的運用時間學習。過去多以書信往來，如今可透過雲端或網路下載的方式觀課）或夜間部高中在內，曾經不上學的學生高中升學率高達八五・一％。但是，我們也不能忘了，部分家長正備受煎熬。

學校究竟是不是真的非必要？在斷言之前，學校和家庭中還有許多堆積如山的問題需要改善。

第 3 章

同班好幾年，不記得同學的名字

1 怕被網路圍剿，交友異常謹慎

就在日本少子化惡化時，公立國中正在發生某種變化。小學的人際關係往往會直接延續到國中。

直到第二次嬰兒潮（按：指某一時期及特定地區，出生率大幅度提升的現象。日本第二次嬰兒潮出現於一九七一年至一九七四年間）前，一個地區附近三所小學的學生，集中升上同一所國中的情況並不罕見。號稱猛獁校（譯註：猛獁象體型龐大，因此日本會以此形容學生人數龐大的學校）的國中，學生數會達到一千人以上，班上通常有六至八成的孩子是初次見面。

在這樣的學校裡，孩子升上國中後人際關係有更大的轉圜空間，所以不少人會利用這一點，在國中「重新開始」。

然而，在少子化的時代，小學陸續廢止和整併，導致國小和國中的學生幾乎一模一樣的現象。假如兩所小學合併，升上國中後，同學幾乎一〇〇％是同一群人。

此外，日本的國家政策也助長了這一趨勢。

國中小一體化在日本有幾種型態。自二〇一六年起，「義務教育學校」（按：日本為推動九年一貫教育設立之制度）在全國增設，將小學一年級至國中三年級編制為九個年級（一年級至九年級）。在一名校長的管理下，講課時間、學校活動、學生會、校規、社團活動及其他相關事宜也都會統一。

除此之外，「一體型學校」和「鄰接型學校」（又稱為併設型）也正在增加。前者是同一校地內實施九年一貫課程，後者則是相鄰近的國小和國中尋求合作，或共用部分設施，這兩種學校的小學生基本上會直接升上相同的國中。

行政方面，雖然政府大肆宣揚「統一教育方針」或「降低教育成本」等優點，但也教育界內也出現批判聲浪。其中弊端之一就是人際關係的固化。

關東地區一名三十多歲的男老師說：

「國小和國中的學生成員幾乎沒變時，學生的人際關係就會變得非常狹隘。

假如孩子們從小時候就認識，每個年級又只有兩、三個班級，就算換班，也有一半到三分之一的成員不變。

「這樣一來，不守規矩的孩子被分到同一班的機率高，還是會一直胡鬧，遭到霸凌的孩子就會一直被欺負。如果人際關係不順，國中小這九年就會一直維持一樣的情況。」

國小的各種不適應會遺留到國中。

雖然這不是唯一原因，但是從第一六一頁的圖表 4 可以看出，國中生不上學的人數遠比小學生還多。對現代的孩子來說，國中生活就是如此艱難。此外，也有「中一落差」（按：升上國中時，由於學校文化與教學模式與小學有所差異，而產生不適應的現象）這個詞形容國中生活的不簡單。

人際關係在青春期後會變得更複雜，而且幾乎所有人都以考高中為目標，努力學習高難度的課業。這段時期，家庭的經濟差距、成長期導致的身體變化、智商或運動神經，都會出現明確的差異。

再加上近年來社群平臺的出現，大幅改變了國中生的人際關係。

男老師指出：

「觀察現在的學生就可以實際感受到，**即便是數位原住民，也不一定能夠熟練的使用社群平臺。**

「就算他們覺得得心應手，實際上卻常常被數位世界操縱或玩弄。『已讀不回』或『封鎖』蔚為話題，卻又拘束了學生間的關係。我每天都能感受到社群平臺正在加劇校園生活的困難度。」

原本網路是為了使人類生活更方便。不過，根據不同的使用方式，既能讓人際關係變得更緊密，也可能反過來變得疏遠。

數位原住民被數位世界顛覆，這是什麼樣的情況？

與同學時時連線

日本國中一年級的學生，持有智慧型手機的比例高達八〇%。他們會使用手機做什麼？

根據兒童家庭廳〈令和五年度（二〇二二年）青少年網路使用環境實況調查報告書〉指出，**第一名是觀看影片（八八％）、第二名是發布內容或互傳訊息（八四．九％）、第三名是查資料（八三％）**。換句話說，使用手機的時間大部分花在影片、社群平臺及搜尋上。

（按：在臺灣教育部〈一一二年（二〇二三年）臺灣中小學學生網路使用行為調查報告書〉中，國中生持有智慧型手機的比例為八七％。使用手機上網時，最常進行的活動為玩遊戲〔七七．六％〕、使用社群平臺〔七五．三％〕和影音網站〔七二．九％〕。）

不論是LINE、X（舊名Twitter）或Instagram，社群平臺連結了人與人之間的關係。只要使用得當，就能成為日常生活的武器。

不過，社群平臺上的關係，有時反而讓孩子很痛苦。

關西地區一名四十多歲的女老師說：

「我覺得現在的學生生活很吃力，即使在放學後，也要一直用社群平臺跟朋友連線到深夜，幾乎沒有時間從學校的人際關係中解脫。

「才剛回到家，幾分鐘前才道別過的朋友，就已經透過社群平臺傳來訊息或照片。不論是晚餐時間，還是讀書、洗澡時也是如此。這種情況會一直持續到睡前，甚至是已經入睡。」

我常常聽父母說，孩子們即使回到家，也會一直在社群平臺上跟朋友聊天。以前還只是傳文字訊息，近年來則改用視訊通話。

上述情況常見於準備段考或其他考試時，由於這段期間學校課程會縮短、沒有社團活動，所以學生們會提早回家。

在沒有智慧型手機的時代，假如學生覺得提早放學很無聊，就會傳送簡訊給朋友，或是約同學到圖書館或速食店一起用功。

然而，現在的國中生拿起智慧型手機，就能利用通訊軟體（例如LINE）打視訊電話互相聯絡。他們跟幾個朋友建立群組，不間斷的視訊通話，從傍晚到深夜，都一直在線上查看彼此用功的模樣。

一旦這個現象變得理所當然，不僅是考試期間，在日常生活中也會進行視訊。

他們不見得會說話或是玩同一款遊戲，而是將手機放在書桌或床邊，另外拿平板觀看自己喜歡的影片或聽音樂。偶爾看一下對方在做什麼，再鑽進自己的世界裡。

寧可被監視，也不要當邊緣人

為什麼想要跟朋友聯繫到這種程度？

我向採訪時遇到的一名女國中生拋出這個問題。她跟朋友建立的聊天群組不只一個，每天會花上幾個小時視訊，她說：

「我認為，即使我們都不說話也仍這麼做的原因，大概是為了讓彼此安心。

「假如能夠透過手機隨時看到對方，不就表示這個人跟我是朋友嗎？反過來說，當我獨處時，就會開始擔心各種事，例如對方是不是討厭我，或是朋友是否正在跟別人在做某件事。所以，只要隨時能透過手機看到彼此的臉，就不必對此感到焦慮。」

在沒有智慧型手機的時代，沒有方法可以求證朋友在放學後，是不是跟自己以外的人玩耍，或是在家裡做什麼。

不過，有了智慧型裝置後，孩子們就可以時時查看朋友在做什麼。因此，他們會產生一種心理，要是沒有時時聯絡就會不安，只好用社群平臺束縛彼此，以獲得安全感。

孩子們為掌握彼此狀況而使用的工具，除了通訊軟體之外，還有如whoo或Jagat等共享即時定位資訊的應用程式。

這些APP可以瞬間查出使用者的所在地，並透過聊天室傳送訊息。孩子們將這些程式安裝在手機上後，就能看到朋友當下的位置，並詢問對方「你在那裡做什麼」，甚至是監看交往對象或鍾情異性的動向。這在國、高中生之間蔚為熱潮。

不論是視訊通話，還是共享位置資訊的應用程式，孩子們是否會討厭時時處於被監視的狀態？

先前的女學生表示：「不太會在意吧？假如討厭（被別人知道）的話，關掉手機電源就好了。更討厭的是，如果我是唯一不這麼做的人，反而覺得像被同儕排擠一樣。」

另一位男學生也說：「明明大家都互相連線，卻只有我沒這樣做，那不就是『邊緣人』嗎？這樣別人就會覺得我是個小咖（按：小角色、可有可無的小人物。『咖』為 cast〔角色〕的音譯），很遜（丟臉）。」

照理說，孤單一個人不見得意味著「孤獨」。反倒是人與人的關係越緊密，精神就越容易感到疲憊。這種時候就要離開群體，騰出個人時間治癒心靈。

不過，**國中生的共通點，就是害怕因為不共享資訊而成為邊緣人。與其成為邊緣人，不如隨時保持聯繫。**

從男同學家裡離開的女孩

這樣的孩子會在哪個瞬間，覺得人際關係很吃力？

前述的老師說：

「我從教職員的立場觀察後，感覺到智慧型手機之所以讓學生們的生活變得困難，是因為他們將學校遇到的麻煩，帶到社群平臺的人際關係中。

「國中生必須從早到晚待在一起，這意味著他們的人際關係建立在校園生活上。所以，他們和只在網路上認識的朋友出現爭執的情況較少，但是**校內的糾紛往往會延續到放學後，戰場也會轉移到社群平臺上，繼續開打**。

「以前，就算在學校犯下失誤，被朋友嘲笑，只要放學回家，就可以擺脫這個狀況，霸凌也是如此。不過現在不一樣了，假如在學校被取笑，放學後也會在社群平臺上反覆被提起。嚴重時還會持續好幾天。」

就在我採訪這位老師的幾天前，他擔任導師的班級中，就發生這樣的事：

女學生E從班上英俊男孩的家裡走出來，這一幕被同學目睹，隔天就成了班上的話題。

午休時，幾個同學圍住E，詢問她從男孩家離開的謠言是不是真的。E承認之後，說明道：「我和他待過同一間托兒所，所以雙方父母非常要好。昨天晚上，他的爸媽招待我們一家人吃飯，我就和父母一起去了。不過，父母們都在喝酒，我和他沒有聊到天就先回家了。」

通常事情會就這樣落幕。然而，當天回到家後，其他女孩們對這件事的看法還在社群平臺上流傳。

「就算雙方父母很要好，也沒必要去對方家裡吧？」、「為什麼知道我喜歡他，還要去他家？那不是背叛我嗎？」、「妳不是說要跟喜歡的男生告白？結果卻去別的男生家？那是花心吧？」這類討論一直持續到了深夜。E似乎是覺得為難，從隔天起好幾天都沒來學校。

老師說：「學生們知道，如果自己在學校鬧出大事，放學後就會在社群平臺上被人批評，並且傳到其他班級的學生耳中。所以，他們**對交朋友非常謹慎，如履薄冰。我們常說現在的孩子很乖巧，但我認為，根本原因在於孩子們害怕消息在社群平臺上流傳，以及遭到網路流言的圍剿。**」

社群平臺的出現，讓孩子們不只要臨場應變，就連放學後也要思考如何回應社群平臺上的訊息。

2 請不要在大家面前稱讚我

以下是某間國中的故事：

放學後，幾名文藝社的社員聚集在社團教室裡。接著，國文老師進入教室，找到某個女學生後，說：「妳在課堂上寫的作文，投稿到縣立比賽之後，獲得了佳作。恭喜妳！」

教室裡的幾個社員高呼「好厲害」，得獎的女學生露出笑容。每天孜孜不倦寫文章的努力終於開花結果。

老師帶女學生到校長室，一起傳達獲獎的消息。校長像是自己得獎一樣，開心的說：「那麼，就在下次朝會時公布和表揚吧！」

下週，朝會如期舉行。校長已經準備好向全校分享這個消息，女學生卻無故缺席，只好暫時作罷。

校長和老師討論過後，認為機會難得，決定改期至下一次朝會。然而，女學生當天也以身體不適為由請假。幾天後，女學生怯生生的對老師說：「可以不要在朝會上表揚嗎？」

老師很納悶，問她是不是嫌棄自己只得到佳作，而不是特優，所以才不願意。女學生回答：「不是這樣的。我很開心能得到佳作，但不希望在大家面前公布，覺得只有我一個人會顯得很『突兀』。如果只是在文藝社就沒問題，但在全校學生面前，我會覺得自己好像跟別人不一樣，我不想這樣。」

老師聽了這番話，心想她應該是害怕跟大家不同。若是自己與眾不同，就會引起他人關注，並對此感到恐懼。

令人出乎意料的是，該老師所描述的情形相當普遍，**許多國中生都想避免成為眾人矚目的焦點**。第一次聽到這件事時，我一時間無法理解，因為**這和小學生「誇我成癮」的現象完全相反**。

東海地區一名五十多歲的男校長說：「無論事情是好是壞，學生們討厭自己引人注目。用他們的話來說，就是害怕『浮出檯面／脫穎而出』。學生們強烈希望和其他人保持一致的表現，這或許可以稱為從眾性。跟大家一樣時，就能感到穩定和安心，但只要脫離某個範圍，稍微比別人優秀一點，就會讓他們害怕得受不了。」

聽到這句話時，在場的其他幾名老師，也都點頭同意校長的說法。從以下幾個案例可以感受到這一點：

- 推舉腳程快的學生參加大隊接力時，其中會有幾個人拒絕。原因是被認為是飛毛腿，會讓他們感到不自在。
- 午餐時添第二碗的人變少了，似乎是不希望因此被認為吃得很多。
- 過去，在課堂上安靜乖巧的學生，常會在校慶或社團活動等其他場合，積極的帶領其他人或展現出活躍的一面，這樣的學生近年來變少了。
- 試圖藉由髮型、服裝及態度凸顯自己的孩子減少，大家都打扮得差不多。
- 受到老師誇獎之後，下次就故意做出會挨罵的事，試圖維持「平凡」。

學生們這樣的言行，是因為在意周遭眼光，試圖讓自己保持一般人的水準。從一般的框架中脫穎而出會感到不安。

避免成為眾人矚目的焦點

當我聽到這些故事，腦海中浮現日本金澤大學融合科學系教授金間大介的著作《請不要在大家面前稱讚我》。這本書指出大學生或二十歲出頭的年輕人，會敏銳的感受到同儕壓力（peer pressure），被誇獎時往往會避免因此引起他人注意。不過，我從上述學校老師所言，感受到這個問題在國中生和年紀更小的學生身上更為明顯。

話雖如此，被認可的欲望也不會從他們心中消失，只是表現方式不同。校長說：

「我不認為學生們對認可的需求消失了，相反的，他們的**個人認可需求比以前更強烈**。但是，與其獲得大家的認同，不如說**現在的學生更傾向於讓少數親近的同伴理解自己**。他們不會想在全班同學面前被表揚，卻會希望得到老師或一、兩個好朋友的讚美。

「舉例來說，學生往往不會在其他人面前提起，而是私下向老師透露自己做到某些事，被誇獎後就會像小孩子一樣開心。然而，假如老師提議把這件事告訴其他同學，他們原本的高興神情就會變得黯淡，並回答『我不想這樣做』。讓理解自己的人知道就好，這才是他們的真心話。」

雖然**他們害怕在學校或班級，這種不特定多數的群體中顯得特別，卻希望獲得親近之人的認可。**

為什麼現代學生這麼想避免「浮上檯面」？校長解釋：

「我認為原因很多，但若從教育方面來看，寬鬆教育（按：日本於二〇〇二年正式推行的教育政策，旨在培養學生的思維能力和知識運用能力，並將教育大綱中學生必須掌握學習的內容減少三成，以減輕學生的負擔）實施後，開始排除競爭並追求和諧。

「過去，學校鼓勵學生競爭，以相對評價（按：在某一團體中確定一個基準，從而評出個體在團體中的相對位置）和偏差值（按：將成績以常態分數排名。偏差值通常落在三十五至七十之間）刺激他們突破自我。現在則揚棄這個做法，追求平等合作、同心協力。

「由於重視平等，學生們會掩蓋自己的個性，並避免成為焦點，才會出現這種現象。對現在的學生來說，變得顯眼只會帶來被厭惡的風險。」

狹義的寬鬆教育是從二〇〇〇年代開始，否定以往填鴨式教育導致的過度競爭，將方向轉為尊重個性，並培養主動學習的能力。這反而產生了一種從眾性，使學生們不喜歡凸顯自己。金間大介在《請不要在大家面前稱讚我》中，也將寬鬆教育視為此現象的原因之一：

「學校這個場所是要讓大家『重視主觀意識的經驗及體驗、培養自我學習思考的能力，同時配合他人步調、合力共同跨越難關』。而在班級經營當中，評估並且使其具體化的任務，就被交付給教學現場。

「在同年級的團體裡，只要有一點不同就會很明顯，因此在這種環境當中發揮個人主觀的行為，就等於擾亂『大家一起』、『團隊合作』、『具備一體感』、『有如家人』共同克服問題這種情緒，變成一種強出頭的情況。這種集體情緒會轉移到『必須自制』、『不能太過顯眼』的同儕壓力上。」

前述的校長及金間大介所謂「合作」和「同儕壓力」的背景就是如此。然而，即便在二〇一〇年代寬鬆教育結束後（按：日本文科省於二〇一六年宣布正式結束寬鬆教育），學校教育的基本方向仍延續下來。

我認為，日本所秉持的教育理念本身沒有錯。不過，如果這給孩子們帶來同儕壓力，從而喪失個性，也就無法朝著國家訂下的目標前進。

我也曾經從一位國中美術老師口中，聽說一件極具象徵性的事件。美術課上，老師展示自己繪製的體育館風景畫，然後告訴學生：「在學校裡找到你們喜歡的地方，畫一幅畫。」學生們便抱著圖畫紙和畫板離開教室。一小時後，幾乎每個人都畫了體育館。

這或許不是政府制定政策時，所希望看到的現象，但在現今的學校環境中，確實有引發這類事情的潛在因素。

3 疫情後遺症

幾年前起，就有人對學校的同儕壓力表示擔憂。

寬鬆教育開始實施以後，學校要求學生們彼此合作，並藉由許多校規加以管理，所有人一律以高中入學考試為目標。在這種環境下，無可避免的會感受到同儕壓力。

許多人主張應當緩和這種壓力，如今卻日益增強，而其中一個原因，就是新冠肺炎疫情所帶來的影響。

東海地區一名五十多歲的男校長說：

「學校中蔓延的同儕壓力，因新冠肺炎而日漸提升。在疫情前，學校會設法找出學生的個性，並提供發揮的機會，學生們也會努力抓住良機，積極參與。

「不過，新冠肺炎一口氣改變了這件事。疫情期間，無論學生想做什麼，學校都以防疫為由，要求所有人遵守完全相同的規範和生活模式。這種情況持續了三年，挖掘學生個性的風氣逐漸消失，學生們也因為這段經歷，而不再表達自己的意見。」

許多老師表示，校園中的同儕壓力，在歷經新冠肺炎後加劇。接下來，我想分享來自三位老師的說法。

跟別人不一樣的風險

為了預防感染新冠肺炎，校園中施行許多管制措施，包括戴口罩、書桌保持間距、大家要朝同樣的方向吃午餐且禁止交談等。

如果班上有人打破規則，就會被其他同學警告。這份壓力對於學生們來說是個威脅。

更重要的是，就連自發的行為也完全禁止。想在暑假進行社團活動的自主練習，或是在畢業典禮後和大家聚在一起的孩子很多。這些活動能帶給他們無法在其他地方獲得的成長，然而在當時都遭到禁止。假如要做，必須取得許多大人的同意，並在各種限制下進行。這樣怎麼會有樂趣？

學生們正處於應當發揮個性的年齡，這三年來卻不允許他們這麼做。學生被迫服從紀律、嚴肅生活，不得脫離框架，才會被視為正確的行為。

於是，學生們自然的認為，一舉一動都要和別人一樣才妥當，跟大家不同只會產生風險。

即使疫情消退，這種意識也沒有消失，反而養成習慣。因此，當有人告訴學生可以自由做任何事情時，他們會感到困惑。（東北地區三十多歲女性教師）

劃分年級的運動會

為了預防疫情大規模擴散，學校規定產生重大改變。過去，學生可以在喜歡的地方，以喜歡的方式度過休息時間，現在卻要由大人決定地點：這個班級在體育館、這個班級在屋頂或操場上等。此外，校方也禁止學生在自己和其他班級間自由來往。

甚至連運動會也只限於上午，並劃分年級舉行。例如九點至十點是一年級、十點至十一點是二年級，十一點至十二點是三年級，且某個年級進行運動會時，其他年級也不允許觀賽，必須在教室上課。

更令人不解的是，為避免妨礙其他年級上課，連跳舞或賽跑時播放的音樂都要將音量降到最低。我無法理解在一片沉靜當中跳舞或奔跑，有什麼樂趣可言。

然而，即使疫情結束後，這種做法仍延續下來。原本是以防疫措施的名義規範，現在卻以方便管理或減輕教職員負擔而存在。

部分學校的校長或教育委員，會以「運動會的合理化」（按：簡化和調整運動會流程，以提高效率、減少浪費，或者根據當前需求修正管理方式。原是因應防疫需求，疫情後仍有許多學校執行）為由，執行這種做法。但是，我不認為學生需要這樣的安排，這不過是大人忽視孩子的權益，基於自己方便所做出的決定。

雖然休息時間或運動會，本來就不是鍛鍊肌力的地方，卻能培養非認知能力（與學力或智力不同的社會性能力，包括同理、探究精神及執行能力）。只能說日本現在的學校放棄了這一點。

假如學校繼續這麼做，學生們人際關係的疏遠，將比現在還嚴重。如果不能和隔壁班的同學一起玩，也不能觀摩學長姐或學弟妹的運動會，校園中的交流只會越來越狹隘。這樣的潮流恐怕不會停止。（東海地區五十多歲的男性教師）

所有人都是主角

雖然新冠肺炎並非直接原因，卻有許多事情迎來變革，越來越強調學生間的一致性。例如，過去在校慶上表演話劇時，有的學生會扮演臺詞很多的主角，有的人會分配到只有一幕或一句臺詞的配角。

這樣的安排能激起人想要成為主角的欲望，或是反過來讓學生察覺自己或許比較適合做幕後工作。不過，現在的趨勢是，盡量讓每個人都有相同的演出時間和同樣長度的臺詞。

運動會也是如此。以前的田徑比賽是跟別的班級對抗，會讓腳程快的學生上場。近年來，這種做法成了歧視。為了追求平等，有些學校會取消比賽，或是替腳程慢的學生安排其他競賽。

小學的情況更糟。因為不可以決定名次，所以賽跑時會讓學童全力奔馳到一半，最後手牽手一起抵達終點。我認為既然要這樣做，還不如讓孩子跳土風舞。

甚至連課堂上也是，常常點名會解題的學生作答也被視為歧視，必須平等的點名不會解題的同學。但對我來說，點名學習障礙的孩子作答更殘酷。

雖然這種傾向在新冠肺炎之前就已經存在，但是在疫情後重新審視學校經營時，就覺得這樣的現象日益增加。（關東地區五十多歲男性教師）

長處和短處都跟朋友一樣

對於學校教育的新方針，評價因人而異。不過，隨著同儕壓力增加，害怕「優秀」的學生必然會增加。

這樣的孩子們會表現出某種特徵。東海地區一名四十多歲的女老師說：

「許多學生會模仿其他人，或是牢牢遵守大人所說的規則，這樣的孩子會試圖隱藏自己。不只對教職員，對同學也不會說出真心話。

「我所擔心的是，如果孩子們繼續這麼做，會失去真正的自己。隱藏真實的自我是剝奪審視自己的機會。這樣一來，他們就不會了解自己是什麼樣子。」

我問該名老師，不了解自己是什麼意思？她回答：

「比如，當我請學生講出自己的想法時，十個人當中有七、八個人只是歪著頭，回答不出來。如果不面對自己，就無法了解自己的優點和缺點。即使問他們擅長或喜歡什麼，也只會說『是什麼呢？我也不曉得』。

「更糟糕的是，有一次我發下講義，請他們寫出自己的長處和短處時，許多學生寫出來的內容，跟自己的好朋友一模一樣。如果問他們是否真的覺得自己的優缺點都跟朋友一樣，他們會回答『大概是一樣的吧』。」

即使是看起來再「普通」的孩子，也必然擁有個性或個人意志，但在強烈的同儕壓力下，他們失去這些特質。

4 只跟懂我的人打交道

儘管教室中存在同儕壓力，使學生們希望能變得和其他人一樣「普通」，他們卻不會跟所有同學親近，反而只跟少數了解自己的人要好。換句話說，**學生間的團體變得很小，且同質性高**。

曾有老師指出，直到二〇一〇年代前，班上的男女學生可分別大致區分為四個群體。

男同學中有擅長運動的開朗男孩、御宅族（譯註：御宅族通常指熱衷並熟知動畫、漫畫及電玩的人，但有時也泛指其他大眾文化的深度愛好者）、用功且文靜的氣質男孩，以及叛逆小子；女同學則分為被同學崇拜的班級偶像、樸素而認真的女孩、動畫愛好者，以及對時尚和娛樂感興趣的女孩。

每個小團體約五至六個人，無論是在學校還是放學後，大致上都是差不多的成員結伴而行。不過，現在團體已經縮小為兩、三人。

關東地區一名三十多歲的女老師說：「朋友圈的概念正在從班上消失。不久之前，御宅族男孩會組成五至六個人的小團體，熱烈談論AKB48、NMB48及SKE48等日本大型女子偶像團體。不過，現在不一樣了。即使是女子偶像團體乃木坂46的粉絲，也會因為支持的明星不同而各自形成小圈圈，並且只談論自己的『推』（按：原意為向他人推薦某事物，在日本偶像文化中，將『推』作為名詞使用，表示支持的偶像或喜歡的明星）。因此，他們不會形成多人團體，而是由二至三個興趣相投的孩子，建立固定不變的人際關係。」

關於這個現象，我也有相似的經驗。

我在走訪地方政府為年輕人開設的咖啡廳時，看到四位同一所國中的學生們，兩兩各自在不同的區域打電玩。

我對他們說，既然大家都喜歡玩遊戲，為什麼不四個人一起玩？其中一人回答：「他們喜歡的遊戲跟我不一樣，聊不起來。」

我說：「既然如此，要不要讓他們教你怎麼玩那款遊戲呢？」

結果對方卻告訴我：「沒興趣。玩○○（遊戲名）根本沒有意義。」

過去因為單純喜歡電玩而聚在一起的團體不存在了，而是根據玩什麼遊戲來區分彼此。

一個人運動比較輕鬆

這個現象也能在學校社團活動看到。關西地區一名五十多歲的男老師說：

「許多人都說，教室裡的單一群體的人數變少了，社團活動也是如此。以前棒球、足球、籃球、排球及其他團隊運動很熱門，團結一心、努力的模樣讓人覺得很帥氣。

「近年來，個人競技比團隊活動更受歡迎，例如桌球社或羽球社的成員增加了。雖然喜歡各種運動的理由五花八門，不過，詢問原因後會發現，回答『一個人比較輕鬆』或『最怕遇到一堆人』的學生也非常多。跟一大堆人共事讓他們感到害怕。

「透過社團活動拓展人際關係的情況也變得更少了。大多數社團只是默默練習，結束後就各自回家，以社團活動為中心建立的友誼正在減少。」

該老師並不是指從事個人競技的學生不擅長與人交往，而是**為了不與人打交道而選擇個人運動的人數正在增加**。

順帶一提，根據日本中學校體育聯盟於二〇二三年的調查指出，社員最多的體育活動第一名是籃球、第二名為軟式網球，以及第三名桌球（男女合計）。雖然，桌球變得熱門的原因，很大一部分是受到職業選手表現活躍的影響，但事實就是，桌球已經凌駕於棒球，成為了一項熱門運動。

為什麼朋友圈的規模越來越小？原因在於可供選擇的資訊變豐富了。

一九九〇年代前，只要觀看電視少數幾個頻道和當紅的漫畫、雜誌，大致上就可以和任何人有共同的話題。不論是棒球選手、偶像或電影，能夠成為校園話題的事情有限。

然而，現在的資訊非常龐大，且來自世界各國。光是影片訂閱服務，選擇就多到一輩子都看不完，例如 Amazon Prime Video、Netflix 及 YouTube，所有人觀看同樣的東西是不可能的。

換句話說，**人人接觸相同內容的時代已經結束**，現在人們會接觸不同的東西，擁有多元的興趣。或許這個現象也體現在學生選擇的運動上。

過去，日本漫畫《足球小將》流行之後，踢足球的人就增加了；《灌籃高手》則吸引許多學生開始打籃球。然而，在現代，透過各式各樣的內容，可以感受到許多不同種類運動的魅力，於是受歡迎的程度就逐漸分散。

只要一個人懂我就好

不過，在老師們眼中，朋友圈變小還有另一個原因。關西地區一名四十多歲的男老師說：「學生們的人際關係變得狹隘且充滿偏見。讓我擔心的是，當我詢問學生為什麼不跟其他同學交往，有很多人回答『他們又不懂我』或『勉強交往也只會被嫌麻煩』。**他們從一開始就不打算跟不理解自己的人往來**。」

為什麼學生會這樣想？該老師表示：

「現代的學生們認為，被理解是理所當然的事，所以只會與無條件接受自己的『理解者』交往。

「陌生人之間若想認識或親近彼此，需要一定程度的溝通。在不斷經歷各種誤解或失敗後，逐漸互相理解，才是真正的朋友。

「然而，現在的孩子缺乏良好的溝通能力，也沒有與其他人爭執的魄力，更沒有精明到能夠主動與人和好。因此，他們會覺得，與其勉強自己跟別人打交道而遇到挫折，還不如從一開始就完全不要接觸對方。」

許多老師都指出，學生的溝通能力不足。

溝通是為了讓別人認識自己，也讓自己了解對方，並建立嶄新的關係。要是缺乏這種能力，當然會希望跟一個任何事都不用做就能理解自己的人相處。

老師接著說：

「這樣的學生如果不是在好朋友面前，根本不願意嘗試互相交流。比方說，以前的學生即便和同班同學沒有交情，也會對他說『我身體不太舒服，午餐請盛少一點』或『光線很刺眼，可以拉上窗簾嗎』。然而，現代孩子只要遇到不同朋友圈的同學，就連這麼簡單的溝通都不想努力。他們甚至會拜託教職員『代言』。

「我們為什麼必須幫助學生到這種地步？假如告訴他們可以自己拜託對方，他們多半會回答『我鐵定辦不到，拜託啦』。這樣的孩子會跟不懂自己的人徹底保持距離。」

這類型的學生，或許在國中以前的所有決定都是由父母代勞。他們在努力認識彼此之前，就有人安排了不用社交的環境。不過，一旦升上國中，大人就不會為小孩做到這種程度。

友誼都是演出來的

既然學生們如此希望與理解自己的人建立關係，他們是否可以不主動做任何事，就獲得這樣的友誼？

在我們的生活中，確實能遇到意氣相投的人。不過，這種情況是在大量積極交流後才會出現，光是坐在教室角落，是不會有人主動接近的。

那麼，他們如何與懂自己的人相遇？前述的老師說：「學生所形成的兩、三人極小型社群，是否真正建立了信賴關係？我認為並沒有。也許他們只是假裝相知，卻誤以為已經相互理解。」

聽了學生之間的對話之後，就會明確感受到這一點。

為了互相認識並建立信賴關係，就需要全面了解彼此，包含接受別人的長處和短處。

不擅長這件事的學生們，即便下課時間待在一起，也只會聊特定的明星或電玩。他們不會盡數展現自己的內在，而是只讓別人看到其中一面，並從頭到尾都停留在表面上的話題。

然而，偏偏就是這樣的學生會說：「我跟他是知心好友。」但當老師問起「好友」的家庭結構或志願學校，卻又說不出話來。明明每天相處在一起，卻只聊特定話題，而不知道對方的私生活。這種情況下，不免讓老師覺得這只是假裝相知。

東海地區一名三十多歲的女老師，從另一個角度指出人際關係淺薄的問題：

「學生們的人際關係讓人難以理解。在學校裡要好的朋友，跟放學後在網路上相處融洽的朋友是不同的。

「假設有兩個女孩在學校裡很開心的聊天，看在教職員的眼裡，會認為她們的感情非常好。不過，深入詢問後卻發現，她們沒有在校外一起玩樂過，就連對方的LINE ID都不知道。當我問對方放學後在做什麼時，她則回答透過社群平臺，跟完全不同類型的朋友聯絡。」

例如，在學校總是跟腐女（按：喜歡男男戀主題作品的女性）在一起，不過到了放學後，就跟辣妹型的朋友在社群平臺上追綜合格鬥選手。

與種類多元的朋友交往不是壞事，這也表示他們對交友的接受度很高。不過，要是有這樣的彈性，為什麼還要嚴格劃清校內和社群平臺上的關係？

該名老師表示，這種行為背後，就是**只用自己其中一面跟人交往**的表現。

假設這個女學生是腐女，且有一個相同興趣的朋友。雙方都對這類書籍和資訊非常了解，表面上很合得來，話題也無窮無際。然而，當同樣話題要持續到放學後繼續討論時，精神上就會感到疲勞。

因此，放學後就完全不會跟這個朋友往來，或是聯絡對方。取而代之的是，喜歡綜合格鬥的自己，選擇在社群平臺上跟其他喜歡綜合格鬥的朋友親近。兩種交情都是片面的，區分校園和課後的人際關係，能緩和交友的壓迫感。

假如老師的這個觀點是正確的，就表示現代學生與朋友的關係不再全面，而是變成單一面向的交往。

5 朋友細分化

日本童謠〈當你成為一年級學生時〉中，有一段歌詞是期許自己能交到一百個朋友。

學校是交友的地方，盡可能擁有多一點朋友比較好。小時候，大人們是這麼對我說的。那麼，朋友是什麼？

根據日本小學館《大辭泉》的定義，就是指彼此信任且對等交往的關係（按：臺灣教育部簡編本對朋友的釋義為「彼此有交情的人」。與日本略有不同）。上述的童謠便是在歌頌這樣的交情。

不過，有老師指出，現代學生對朋友的定義產生了一些變化，「朋友細分化」的現象正在發生。

關東地區一名四十多歲的女老師說：「現代孩子會從一開始就決定自己與某個人要建立什麼樣的關係，不會再深交。朋友的意義改變，我們過去大範圍的交友已不復存在，而是細分為許多小範疇，再賦予其不同的名稱和角色。」

老師分享了以下例子：

- 食友、飯友：在學生食堂同桌吃飯的對象，或是為了拍攝照片發布到社群平臺上，而一起出門用餐的朋友。
- 喲友：在學校或路上遇到時，會「喲」一聲打招呼的關係，除此之外沒有更多往來，有時連名字都不知道（即點頭之交）。
- 網友：透過社群平臺或交友軟體認識的朋友。無須實際見面。
- 神友：存在像神一樣的朋友。意思是可以信賴、非常要好的摯友。
- 心友：心靈相繫的朋友。指互相理解的關係，有時也表示即使沒有跟對方定期見面，也能維持一定程度的關係。
- 深友：基本上跟心友一樣，不過對要好的親戚也會這樣稱呼。
- 新友：不久前才剛變得要好的朋友。

我國中時，每次重新分班後能交到五至六個朋友。當然，並不是每個人的關係都對等，有時親密的程度也會改變，但在交往時會一視同仁，稱大家「朋友」。

六成國中生有網友

現今的國中生則將關係細分，並維持固定不變的交情，所以學生之間的互動方式也是固定的。吃飯時和飯友一起、放學後跟網友通電話、假日時則見心友。

前述的老師說：「**現在學生會劃分與朋友之間應該保持什麼樣的關係。一旦做出決定，就不會試圖侵犯彼此的領地，並自始至終維持這種的關係。**我多次詢問他們區分朋友的理由，他們的回答是『因為這樣**TP值（time performance，時效比）更好**』。」

當我聽到時效比時，會聯想到現代社會所重視的資訊處理能力。在資訊量龐大且混雜的世界，需要將所有的事情詳細分類再合理運用，以帶來更高的時間效率，進而產生利益。

或許現代學生就是在這樣的價值觀中，自然而然的替朋友分類與運用。

二〇二三年，日本網路媒體 Nifty 公布的調查中指出，五五％的國小生和六六％的國中生表示他們有網友，擁有十一個以上網友的孩子高達四〇％。其中，國小生常用電玩聯絡感情，國中生則透過社群平臺，藉由網路聊天或通訊軟體等管道交換訊息。

儘管父母會對此感到擔心，卻不太清楚實際狀況。擁有網友的孩子中，向父母坦承這件事的只有二七％，幾乎所有孩子都選擇向父母保密。

不記得同學的名字

隨著朋友圈縮小，並藉由特定的興趣來維持，團體之間的關係就會逐漸減弱。體現這一點的，便是每個團體所使用的「語言」天差地遠。

東北地區一名三十多歲的男老師說：「跟學生們交談時，就能感受到每個團體的用詞不同。字面上的意義是相同的，但是，就像每個人在 YouTube 上瀏覽的頻道不同，對話時也使用了相異的詞彙。」

教室裡，一對同學正在討論遊戲實況主、另外一對則在聊地下偶像（譯註：指背後沒有大型經紀公司支持、沒有登上主流媒體，著重現場演出並與粉絲近距離互動的藝人），也有人在聊動畫聲優，內容都是其他同學無法理解的用語或話題。

在資訊量較少的時代，假如班上有人模仿日本漫畫《蠟筆小新》的說話方式，或是說出《北斗之拳》中「嘎噗啊」和「嗚哇啊」（譯註：兩者均為《北斗之拳》自創的狀聲詞，分別出自第一集〈瘋狂的殺人者之卷〉和第三集〈憤怒！追到地獄的盡頭！之卷〉）等臺詞，就算沒有看過也能明白是什麼意思。

然而現今校園中，每個團體都生活在狹小的資訊空間內，很難和全班同學分享一件事情。所以，孩子們從一開始就沒有和其他群體拉近距離或了解彼此的打算。

這種情形便是「冷漠的多樣性」。既不是感情不好，也不是想拒絕別人，而是漠不關心，認為別人不重要。

該名老師針對這種讓人感到冷漠的瞬間，分享了以下的例子：

- 不記得同學的名字，甚至是姓氏（譯註：日本人通常以姓氏稱呼對方，只有熟人才會直呼其名。這裡指同學間並不是陌生人，不記得名字勉強可以說是交情沒那麼好，但連平時稱呼用的姓氏都不記得便顯得很生疏）。

- 直到學年結束，聊過天的同學一隻手就數得出來。
- 小團體間各自為政，沒有能夠統率班上所有人的領袖。
- 碰到同學或其私人物品時，會出現類似摸到髒東西的反應。
- 遇到不同群體的人時，用字遣詞會過度慎重。
- 對於關係較不親密的人，會表現出「可怕」、「好噁」等負面反應。

因為對同學毫不關心，他們就會表現出這樣的態度。

連畢業派對都不想辦

一旦班級因為各種團體而出現分裂，學生們就不會具備「同學意識」。過去，就算平時處於不同的團體中、很少往來，有班際活動時也會全班一起努力、全力以赴。然而，**現代學生們往往討厭以班級為單位共事**。

前述的老師提到：「學生們不再主動聚集班上所有人一起做某件事情。以往團隊運動比賽將近時，每個班級就會自動分頭練習，或是為了校慶活動同心協力拍攝獨立電影。不過，同學意識減弱之後，這種情況就變少了。」

這種氣氛在新冠肺炎疫情後變得尤為明顯。以下的小故事便展示了這一點：

該名老師的學校有個傳統，就是在高中入學考告一段落後，每個班級會舉辦一場派對，提前慶祝畢業。大家會帶點心、打電玩、寫紀念留言板，或是交換將來的聯絡方式。

近年來，派對因為疫情影響而中止。不過，二〇二三年逐漸解封，校長也准許復辦這樣的活動。

老師很高興，便向學生們提議舉辦派對。結果，得到回應都是「好麻煩」、「沒意義」及「浪費時間」等負面評論。詢問理由時，他們就異口同聲回答「我無話可說」、「我累了」。

令老師感到驚訝的是，上述現象並非這個班級獨有，其他五個班級的學生也都是同樣的反應。老師得知情況後，忍不住覺得同學意識正逐漸崩解。

一般來說，確實沒有必要勉強自己跟合不來的同學相處，依照自己喜好安排時間就好。然而，這僅限於當事人是做出具有建設性的選擇時。如果是因為對別人漠不關心，而逃避與人交往，又該如何看待？

我們不一樣，我們都不重要

我曾拜訪過一所國中，牆壁上貼著標語：「我們不一樣，我們都很棒。」這句話出自日本童謠詩人金子美鈴的〈我和小鳥和鈴鐺〉，該所學校以這句話象徵他們在課堂上學到的「多元共生」。

不過就我至今所觀察，不禁認為，現代學生的思維正在改變成「我們不一樣，我們都不重要」。

我為了弄清楚學生們為何有這樣的心態，前往一所知名大學附設高中，直接向孩子們拋出這個問題。採訪對象不是國中生，而是學力程度高的高中生，因為我期待他們能有較明確的表達能力。

以下是當時的訪談，雖然以一對一會話形式呈現，卻是綜合現場五個學生的全體意見寫成。

我：平常你在學校裡有幾個朋友？

「大概三個。」

我：能夠記住全名並用漢字寫出來的同學有幾個？

「（四十人中）有五、六個人吧？」

我：學校裡的朋友和放學後一樣嗎？

「完全不一樣，因為在校內和校外做的事情不同。」

我：你不想要跟班上其他群體的人往來嗎？

「是的。一個個打交道好累。」

我：好累是什麼意思？

「要是對方跟自己完全不同，相處起來就好累。」

我：是指完全不能理解對方嗎？

「我也不是不想理解，更不是討厭或無法接受。不過，總覺得這樣做沒有效益。我倒想反過來問你，硬要跟不同的人交往有好處嗎？」

我：好處是可以知道自己不知道的事情吧？

「我並不想知道。」

我：為什麼？

「反正又沒好處。」

我：班上有各式各樣的人，你怎麼看？

「我會讓自己想開一點，學校有不同類型的人是沒辦法的。並不是討厭或不能接受其他人。然而，就是因為不同，才不想打交道。」

這些學生很熱衷於參與社團活動，溝通能力也很強。從願意配合我採訪也可以看出，他們對不同性格的人接受度很高。然而，他們卻持有這樣的看法。

對於這種做法是冷酷或正向的，其實因人而異。不過，我必須說，這種態度與當今社會所重視的多元文化共存相去甚遠。

假如應用在成人社會中，就是有外國人居住在同一間公寓，卻不接受他們的差異並試圖共存，而是覺得「不相同所以不重要」就忽視對方，不願有所牽連。

6 霸凌持續擴大

日本文科省針對中學、小學和特殊教育學校為對象進行調查，發現二〇二二年度的霸凌認知件數（按：日本對於欺凌的定義從受害者認知立場的解釋，臺灣則較為強調加害者人格及惡行的意圖。因此，日本在霸凌事件統計中將「發生」改為「認知」），比上個年度增加一成，超過六十八萬件，創下最高紀錄。

身處教育前線的老師們，也親身感受到霸凌事件不斷增加。在論文〈「班級未能充分發揮功能之狀況」（即「學級崩壞」）的實況調查與應當克服的課題〉中，其中一題為「**霸凌持續擴大**」，**一九九八年時回答「同意」或「有點同意」的小學老師為七．九％，二〇一九年則為一七．七％，上升將近十個百分點**。

日本自一九九六年文部大臣的緊急呼籲以來，就特別致力於防範霸凌，二〇一三年時甚至制定《霸凌防治對策推動法》，於是學校也開始推動認識霸凌的教學活動或擬訂相關措施。儘管如此，為什麼霸凌事件卻增加了？

我詢問老師們的意見，發現過去和現在的霸凌型態並不相同。四國地區一名五十多歲的男老師說：

「直到二〇〇〇年代前半，仍以典型的霸凌行為居多。例如，幾個男生在放學後把某個孩子叫出來施暴，或是一群女學生在廁所中圍著一個人謾罵。

「現在的學生不會做出那麼好理解、讓人輕易發現的事。因此，我們身為教職員就更難以察覺，以及判斷是否為霸凌問題。然而，與其說是霸凌手段變得陰險，不如說是學生之間衝突形式的轉變。」

霸凌是什麼？日本與臺灣的定義分別如下：

日本《霸凌防治對策推動法》：指於當事兒童、學生註冊在案之學校就讀，或其他與該學童具一定人際關係之其他學生，針對該生造成心理與身體影響之行為（以網路進行者亦屬之），且該行為對象之學生感到身心痛苦。

臺灣《校園霸凌防制準則》：指個人或集體持續以言語、文字、圖畫、符號、肢體動作、電子通訊、網際網路或其他方式，直接或間接對他人故意為貶抑、排擠、欺負、騷擾或戲弄等行為，使他人處於具有敵意或不友善環境，產生精神上、生理上或財產上之損害，或影響正常學習活動之進行。

簡單來說，**不論是直接或間接，當學生因其他同學的行為而感到身心痛苦時，都將視為霸凌**。

LINE消息也被用來霸凌

直到二〇〇〇年代前半，暴力、冷處理、酸言酸語、毀損和藏匿私人物品，以及痛罵，都還是霸凌的主要行為。然而，當智慧型裝置開始普及，學生們的溝通工具轉移到網路上，以及國家或學校全面實施反霸凌對策時，霸凌的形式隨之改變，轉而將壞話寫在社群平臺上、洩漏他人個資，或是將人踢出LINE群組等。

近年來，我也採訪過不少霸凌案件，霸凌的型態就像阿米巴（按：變形蟲的音譯，是一種單細胞原生動物，可以根據需要改變體形）一樣正在變形。

過去，班上學生會集體嘲笑其中一個犯錯的同學。例如，上課時挖鼻屎被其他人發現，放學後就會被同學團團圍住，揶揄是「鼻涕混蛋」和「黴菌」。

現代學生卻不會直接說對方壞話，而是以別的方式嘲諷。其中一個例子就是「狀態消息霸凌」。

通訊軟體LINE中，有一個狀態消息欄位，能以短句、短文描述自己的近況或想法。學生會寫上「吃了鼻屎人生就完蛋」或「隔壁坐的是鼻涕星人」等，暗中取笑特定的人。透過LINE聯繫的同學就能夠看到。

另外，「網路用語霸凌」也時常發生，指利用網路用語辱罵別人或說人壞話。用於侮辱的網路用語很多。像是米蟲補助（生活補助）、腦殘兒（智能障礙兒童）、乙（挖苦人的「辛苦了」。譯註：日文的「乙」〔otsu〕與「辛苦了」〔otsukare〕開頭發音相同）、飯真好吃（別人的不幸讓飯變得好吃）、喪女（沒有異性緣的女性）、起司牛丼（噁心御宅族。譯註：「起司牛丼」起源於網路上一張自畫像，描繪一個相貌不起眼的眼鏡男點了這道菜，而後演變成諷刺御宅族和邊緣人的用語，也有人用於自嘲）、好香（腦子怪怪的。譯註：日本網路使用者將「好香」用在負面意義上的原因眾說紛紜，沒有固定說法）等。

學生們會使用這些用語，作為惡言相向的隱語。不知道意思的大人難以察覺，就算發現並要求學生注意，也容易找藉口說「這不是壞話，只是網路上大家都在用的詞彙」。

在我過去調查的霸凌自殺案件中，這樣的詞彙經常出現在教室裡或社群平臺上。這類型的霸凌是加害人故意戲弄或傷害被害者。雖然工具或用詞不同，但霸凌的結構仍跟以前一樣。

然而，由於現代學生特有的溝通障礙，與上述情況不同的是，無自覺的霸凌行為越來越普遍。

我只是寫出事實，又沒做錯事

有一天，國中二年級女學生F的家長打電話到學校。導師接起電話後，家長說：「我家女兒說她被同學排擠，請學校留意。」

隨後，老師向F詢問情況。據她所說，她跟同班同學中較要好的G和H三個人，一起建了LINE群組，其他兩人卻又建了新的群組，在背後說自己的壞話。

為什麼會發生這種事？起因是F的戀情：半年前拒絕跟G交往的男學生，向F告白並開始交往。G得知這件事後，對F說「妳在挖苦我嗎」、「就那麼想要炫耀嗎」，接著要求H和自己站在同一陣線，兩人便建立了一個新群組。

後來，G將F和男學生談戀愛的事情，以及她過去的戀愛關係，在該群組中公開給班上同學們看，甚至還製作了F的人際關係圖。F想不到這樣的資訊竟然暴露在網路上，即使請求G停手，對方也充耳不聞。最終只好跟父母商量，並聯繫學校。

雖然是常見的戀愛糾紛，但是，既然父母已經向學校申訴，就不能袖手旁觀。於是，老師詢問G和H的說法。結果，G卻回答：「我才沒有排擠她！站在我的立場，每天在LINE群組看到F炫耀自己的男朋友，這不是很討厭嗎？就只是因為不想看，我才會刪掉群組再建新的。這樣做哪裡不對？」

老師表示自己能了解G的心情，但是，在網路上洩漏個人資訊太過分了。G也對此反駁：「我可沒有寫F的壞話，也沒有造謠，那全部都是事實。寫出事實有什麼錯？報紙不就在寫出事實嗎？我一點錯都沒有！」

即使如此，也沒有必要連人際關係圖都畫出來。G接著說：「要是沒畫出我跟F感情變差，別人就會看不懂吧？因為逐一說明很麻煩，所以我才用畫的。還是我應該用言語說明比較好？」

老師告誡道，就算是事實，也不該寫出別人不願意曝光的事。然而，G堅決主張自己只是將事實公開，沒有做壞事。最後，她說「我明明沒有霸凌人，老師卻斷定我做過」，就請假不來上學了。

葬禮家家酒霸凌事件

某個班級在升上國中三年級的暑假前，一位男學生I沒有請假，也沒有出席。老師向其他同學求證後，得知I曠課的原因，是因為和好朋友J發生爭執。

老師很擔心，聯繫到I後便詢問原委。I說：「我跟J在管樂社吵架的事情是真的。我在演奏時不小心出了錯，他竟然叫我『去死』，我們就吵起來了。接著他說要跟我絕交，甚至在Instagram的限時動態上傳我葬禮的影片，說是告別。所有人都看得到影片內容，這絕對是霸凌吧？」

老師的腦海裡掠過以前曾演變成社會問題的「葬禮家家酒霸凌」。當時，班上流行在特定學生的桌上，放置花朵或紀念留言板的紙箋。過去，曾有受害的孩子因此被逼到自殺。

老師馬上向J詢問情況。J承認自己確實製作了影片，他說：「那是我為了通知大家自己跟I絕交而製作的影片。既然是葬禮影片，大家看了就能知道我跟他的關係結束了。與其說一些壞話或寫我們絕交了，開玩笑的影片也比較溫和吧？」

J的確沒有在社群平臺上露骨的寫對方壞話。不過，站在被害人I的角度，只要這樣的影片發布到所有人都能瀏覽的社群媒體上，就像是被公然處刑一樣。

老師指出這一點之後，J回答：「發布到限時動態上，一天就會自動刪除了，看過的人寥寥無幾。而且，不想跟討厭的人扯上關係，不是很正常嗎？為什麼這樣會變成霸凌？」

直到最後，老師和J都無法取得共識。

或許不同世代對於霸凌的定義已經變得不同。不過，在這兩個案例中，加害人都沒有罪惡感。

加害者沒有意識到自己正在霸凌同學

上述的老師指出，現今校園中的霸凌事件，多半可以觀察到這個趨勢。加害人並不覺得自己的言行造成對方痛苦，更別說是意識到自己正在霸凌同學。

中國地區一名三十多歲的女老師說：「學校中有很多不擅長建立人際關係的學生。由於他們的溝通能力差，不知道要怎麼交朋友或維持關係，所以只要有一點不順，就會以奇怪的角度解讀，並出言攻擊對方，甚至無動於衷的說出或在網路上寫出會讓情況變得更糟的話語。結果就是，迄今的關係在轉眼間毀掉。」

不擅長與人交往的孩子，思考的前提往往是對方要配合自己。他們會抱持毫無根據的期待，認為對方一定要實現自己的願望。

因此，只要有一絲一毫不符自己預期，就會片面認為遭到背叛、這段關係完蛋了，或是只有自己吃虧，並以激烈的言詞辱罵對方，而不會思考背後原因。對他們來說，自己才是被害人，錯的是對方。

女學生F的故事便是如此。從G的角度來看，喜歡的男生跟朋友交往，想必很難受。不過，對F來說，這已經是過去式，沒有必要這麼顧慮。

但是，G對於事情沒有按照自己想要的方式發展而感到憤怒，激動的認為自己遭到背叛。接著，她不但擅自將F趕出LINE群組，還以事實為藉口，將F與男學生交往的事和人際關係圖公布在網路上。

男學生I的小故事也一樣。J只因為I無意間的小錯誤，就對他不必要的謾罵。不對的人是J，然而，J卻因I反駁他而發火，不只絕交，還透過社群平臺上傳影片，散播這個消息。

上述加害人的共通點，是他們對對方的反應過於極端。假如具備適當的溝通能力，事情不至於發展成這種情況。

這樣看來，不禁讓人與第二章第四節、小學生的校園暴力事件做比較。**大人將一切準備好，讓孩子們在奉承下長大。而孩子們任性的思考和行為，到了國中，就以霸凌的形式出現。**

哪怕犧牲朋友，也要保護自己

在繁忙的課務中，除非是霸凌事件，否則一般來說，老師不會介入和解決學生們各式各樣的問題。不過，假如學生做錯事，確實指出和矯正也是教職員們重要的職責。

不過，這幾年來許多學生**就算被人提醒，也不願承認自己的過錯，反而無理取鬧的搬弄理由，想方設法找藉口**。

東海地區一名四十多歲的女老師說：

「過去，無論是霸凌或惡作劇，加害者都會意識到自己正在做壞事，他們知道被發現後會遭到訓斥。所以，被教職員責罵時，即便多少會辯解一、兩句，最後仍會認罪和道歉。因此，說教也是短則幾分鐘，長則二十分鐘就結束了。

「不過，現代學生不是這樣。無論做了再糟糕的壞事，被老師發現後也絕對不承認，拚命找藉口。甚至是堅稱周圍同學也在做一樣的事，與自己無關。

「如果發生這種情況，訓話的時間必然會拉長。就算講了兩、三個小時，通常也是一直鬼打牆。這樣很累人，也不能專心做其他工作，所以我不喜歡去提醒他們。」

在這次採訪不久前，這位老師的班上曾發生過這樣的事情：

有個男學生K，他會將口水吐進其他男同學的水壺。K的朋友就在一旁觀看並發笑。受害的男生知道這件事後都被嚇著了。

老師提醒K和他的朋友們，這種行為是隱性的霸凌。結果，K慌忙辯解道：「才不是這樣，我只是假裝吐口水進去而已。而且是他們（指著朋友）把水壺拿給我，我是被慫恿的。」

周圍的人都看到K主動拿起水壺，吐口水進去，所以K肯定是在說謊。不過，即使揭穿他的謊言，K也會堅決否認，說自己「沒做過」、「是假裝」。

老師沒有其他辦法，只好順著他的話說，就算只是假裝，被害人也會覺得厭惡，必須停止這樣的行為。結果，K又開始找藉口：「我跟他（被害人）很要好，所以他知道我是在開玩笑，才不是霸凌。」

當老師指出受害的學生並不這樣認為，他卻說：「那是他心胸狹窄，不管遇到什麼事都往壞處想，真是大驚小怪。」

K從頭到尾不斷主張自己沒有錯，而錯的是不懂玩笑的被害人，以及遞過水壺的朋友。

K的朋友們也是一樣。老師提醒他們，就算沒有直接吐口水到水壺裡，但旁觀和嘲笑也是在助長霸凌，他們卻開始辯解：

「我可不是在笑，只不過是表情原本看起來就像是在笑而已。其實我心底覺得對方很可憐。」

「K突然開玩笑的吐口水進去，我連阻止的時間都沒有。」

「雖然看到他吐了口水，但我不知道那是誰的水壺。」

這段對話無法就此結束，而忙碌的教職員得花費數個小時處理，也一定會感到疲憊。

為什麼學生們不乾脆的認罪？老師表示：「**他們不習慣因為做錯事而受到責罵，所以，只要稍微被人提醒，就會拚命保護自己**。不只會千方百計找藉口，哪怕是犧牲朋友，也一定要保護自己。」

同樣的傾向也可以在很多父母身上看到。假如為了孩子的事情找父母討論，請他們注意時，他們就會像機關槍般的語氣不斷找藉口，堅決不肯認錯。真是有其父必有其子。

在聽著這則小故事的過程中，我甚至對孩子們產生了一點同情。只要好好接受別人的指正，就會成為一個人自我成長的肥料。不過，至少這裡介紹的孩子們，很可能沒有人教他們這個道理，因此，無論如何都要拚命保護自己到最後。

7 只因蒜皮小事就絕交

每天早上，關東地區一所國中的正門口，必定能看到五十多歲男校長的身影，對背著書包的學生們道早安。

只要觀察上學時間的學生們，就能清楚知道他們人際關係的變化。孩子們總會跟同一群人一起上學。如果他們的朋友換了，或者一個人單獨出現，就表示有特殊情況。

當校長聽取班導師們的報告時，曾有老師指出，有學生在社團活動中，因為主力選手位置被同學奪走而與對方交惡。而最近，無法理解的交惡理由正在增加。

校長說：「現在的學生會為了微小的理由跟朋友絕交。不久前，有一對親如家人的女孩，因為穿著同樣的運動鞋而吵架。她們各自在暑假買了同一雙鞋，並從第二學期開始穿，所以不曉得是誰先買的。儘管如此，雙方卻聲稱對方在模仿自己，發生了一些小衝突。會因為這種無關緊要的理由而絕交的學生，近年來有所增加。」

其他的老師也指出同樣的問題，並舉出了以下例子：

- 提到家裡做了水果蛋糕後，朋友說「我討厭水果蛋糕」，於是就絕交了。
- 明明每天都會一起玩線上遊戲，有一天朋友卻買了別的遊戲。因為討厭朋友去玩其他遊戲，所以就不再跟他說話。
- 上課時，信賴的朋友沒有借自動鉛筆給自己，而決定不再理睬對方。
- 馬拉松比賽中，朋友超越自己時挖苦的說了聲「乙」，於是就撞倒對方。
- 吃午餐時，拜託朋友幫自己多盛一點，對方卻忘記，所以就生氣了。

感受因人而異，面對相同遭遇，有些學生會感到震驚，有的則不會。

即使考慮到這一點，我也不認為以上例子足以導致兩個人絕交。就算是遇到討厭的事情，也可以忽略它或是請對方停止這樣的行為。為什麼會發展成絕交？

關東地區一名四十多歲的男老師說，原因之一在於現代學生的情感缺乏層次：

「就算遇到不愉快的事情，也有分稍微討厭、非常討厭，以及討厭到要絕交的差別。當雙方不和時，是否繼續交往也有不同的做法，例如選擇接受對方的性格、維持點頭之交的關係，以及完全不理睬。

「然而，現在的學生不擅長分析和掌握自己的情感，只有零和思維（按：認為凡事只有贏家和輸家）。喜歡就全都喜歡，討厭就全都討厭。所以會為了些微的理由瞬間斷絕關係。」

擅長與人交往的人，就算遇到不喜歡的事情，也懂得衡量對方的情況，斟酌表達用詞或克制自己的行為，所以能夠維持適當的關係。

但是，情感或人際關係缺乏層次的人，傾向以全有或全無的思維思考。因此，哪怕是雞毛蒜皮的小事，也會完全否定和排斥對方。

YouTuber說的比新聞更可靠

與全有或全無思維類似的，是學生們斷定的口吻。

假如學生出現問題，老師就會詢問當事人發生了什麼事。這時，有相當高的機率會得到這樣的說法：「老師，大家都會這樣做！」或「絕對是這樣沒錯！」

當學生解釋自己遇到的困難時，常會使用「所有人」、「總是」、「絕對」及「一定」等肯定性的口吻。

關東一名五十多歲的男老師說：

「每當學生們找我商量事情時，我經常能感覺到他們的想法很極端。類似的情形多得像山一樣高，很多時候我想告訴他們那只是偏執。

「比如，學生會說『班上**所有人**都在說我壞話，我**絕對**不會進教室』，或『**大家**都說肌肉訓練沒有意義，所以我**百分之百**不會去練』。

「與其說是思維狹隘，不如說是不知變通？所以，就算我提出建議，他們也不會聽。」

以下是該名老師的經歷：

一名國中三年級的男學生，騷擾和跟蹤同班的女同學。他每天透過社群平臺傳送大量表達好感的訊息，並擅自上傳女同學放學後和在家的照片。於是，女學生找了老師商量。

老師把男學生叫到輔導室，提醒對方他的行為已經造成女學生的困擾：「你的行為給她添了麻煩，自私的行為會傷害對方。」

學生：「才沒有那回事，**大家**都說她喜歡我。只要我主動追求，**絕對**會順利的。而且**所有**女孩子都喜歡別人幫她拍照，這不是添麻煩。」

老師：「你說大家，是誰在什麼時候這樣說的？」

學生：「〇〇同學在LINE群組上說的。」

老師：「那不是只有〇〇同學這樣說嗎？這樣可不是大家。」

學生：「他是在群組上說的，其他人也都看過（訊息），所以是大家。」

老師：「那你為什麼認為所有女孩子都喜歡被拍照？」

學生：「網路上寫的，女生只要有人幫她拍照就會感到開心。」

老師：「哪個網站？」

學生：「我忘了。不過，網路上**絕對**有寫。我看過的。」

雙方的對話完全搭不上線。為什麼學生會這樣思考？老師表示：

「現代學生擁有手機，能夠獲取任何資訊。不過，他們的世界是否因此變得寬闊？實際上並沒有。他們只是憑一己之便選擇資訊，再以最利己的方式解釋。

「比如，LINE 群組的內容是共享的，所以就將其理解成是所有人的共識。此外，由於網路是一個公共場所，所以他們會相信粉絲多的 YouTuber 所說的話或貼文。然而，他們多半不會想到實際上有許多群組中只有一個人發言的情況，或網路資訊不一定經過查證。所以，無論任何事都會認為是『大家』或『絕對』。」

這麼說來，我也曾聽過某些國中生的言論，不禁讓我懷疑自己的耳朵。

當我和受訪的學生們聊天時，他們大多數都認為比起報紙，YouTuber 發布的資訊更值得信賴。我問起原因，學生們平靜的回答：「因為 YouTuber 的追蹤數比報紙更多。」

他們對媒體的信賴與追蹤數或瀏覽數成正比，這就是學生們的真實感受。

老師指出，現代學生不會詳細研究網路上龐大的資訊，而是只選擇身邊對自己有利的內容。網路空間給人的印象，應該是像大海一樣遼闊，然而，他們實際接觸的資訊卻極其有限。

封鎖現實朋友

就如先前提到，現今學生的共通點，是單方面的與對方斷絕關係。即便是雞毛蒜皮的小事，也會讓被害妄想膨脹，誤以為遭到背叛，並拒絕與對方往來。

九州地區一名四十多歲的女老師形容：「對學生們來說，朋友是像LINE一樣可以輕易封鎖的對象。只要遇到討厭的事，就心想『好，我們之間玩完了』，然後按下封鎖來刪除關係。從開始爭吵到絕交的過程中，沒有煩惱或任何溝通，一遇到衝突就立刻斷絕友誼。」

現在的學生們在交際時，往往只會展現單一的性格面向，因此，也能迅速的從中脫離。

能夠快速結束一段友誼的學生，跟其他人建立連結的速度也很快。團體解散後，他們會和新的一群人交往，再次組成二至三人的群組，不斷分裂與合併。

老師接著說：「最後，這樣的學生與任何人都沒有深厚的關係。因為他們的關係很淺，所以能輕易的分別或展開新關係。這恐怕也是受社群平臺的影響，假如只有表面上的交往，就可以輕鬆的取消追蹤或重新追蹤對方，封鎖或靜音功能也很方便。**與學校朋友的交往，越來越接近社群平臺上的關係**。」

許多老師都指出，現代學生們也會像在LINE等通訊軟體上，在現實中封鎖或追蹤朋友。

假如真是受到社群平臺影響，成年人的責任也不小。如今被當成溝通工具的各種社群平臺，都內建了能輕鬆追蹤或封鎖別人的功能。學生們只不過是將從中學習到的東西，在校園這個現實的空間中重現罷了。

即便有事也說沒事

如果我們處於人際交往如此脆弱、遇到一點小事就會瞬間切割關係的時代，學生們需要更高的危機管理能力。

不過，就有老師指出，越是無法妥善建立友誼的人，就越不擅長自我防衛。以下是關東地區一名五十多歲男老師的說法：

「在教育現場中，學生溝通能力低落是一個很大的課題。最近，我們聘請了外部的講師，傳授跟朋友溝通的方法，或是如何求助。

「然而，越是容易捲入困境的學生，就越不擅長出聲求助。不論是朋友、父母或教職員，孩子也不會找人商量。就算我們主動關心，對方也多半會回答『沒問題』、『不要緊』、『沒事』或『放心』等。站在我們的立場，如果學生這麼說，就只能從旁觀察情況。但是，實際上根本並非如他們所說，當我們意識到出問題時，往往已經太遲了。」

明明學生們在日常生活中，事事都要拜託老師幫忙，遇到嚴重的事情卻往往閉口不談。

對他們來說，無關緊要的事情可以貪圖別人的好意，但無法獨自面對嚴酷的現狀，也不曉得要怎麼形容自己想做什麼。

因此，學生們會像這樣，所有的狀況都用「沒問題」這個詞熬過去。一旦出現這個關鍵詞，老師就必須提高警覺。這句話的個中之意並不是表面的「我沒事」、「沒有任何問題」，而是指「現在不要管我」。

關東地區一名五十多歲的學校圖書館管理員，和我分享了幾個例子：

有個學生直到借書期限都沒有還書。當管理員提醒他後，對方卻回答「不要緊」。一般來說，不會這樣回答……後來才釐清這位學生所謂的不要緊，意思是「我知道了，別說了」。

又有一天，有個女學生在圖書館哭泣，管理員上前關心發生了什麼事，她不肯說。管理員詢問她身旁的朋友，結果對方卻回答「沒事啦」。

管理員不明白這句話是什麼意思，後來才得知她的意思是「這跟老師沒關係，請你置之不理」。

就像這樣，當學生陷入危機時，他們不會用自己的話好好說明，而是用「不要緊」或「沒事」等，含糊帶過或拉開距離。這種權宜之計的言行只會讓事態變得更嚴重。

此外，就算老師注意到學生們出現某些異常行為，也很難判斷該從哪裡介入。原因就在於「交惡」和「霸凌」的界線很模糊。前述的老師提到：

「就算學生之間的關係變得緊張，教職員要干涉到何種程度也是個難題。假如是班上所有人排擠一個孩子，就該以霸凌為由介入。不過，如果是一個人無視另一個人，又該怎麼辦？身為老師有必要特意介入，從中斡旋嗎？

「困難的是，就算是一對一失和，但若其中一人單方面認為遭到霸凌，那就會變成霸凌。有時甚至必須成立第三方委員會，委託律師、醫師或大學教授，再花很長的時間進行調查，聽取所有學生的看法。」

用「霸凌」兩個字形容學生們的問題，或許已經不合時代潮流了。

第 4 章

沒有夢想，只想當打工仔

1 我的能力只有這樣

如今，日本學力程度高的升學型學校，以培養世界級人才為目標，推動國際化教育，讓學子們掌握國際觀。

我每年會走訪幾次這些日本高中，除了採訪，也會舉辦演講。有時，在演講之後，學生們會透過社群平臺傳送訊息給我。從他們的社群平臺個人簡介中，可以看到一個共通點。

這些學生會得意洋洋的寫出就學高中的名稱，例如「○○高中三年國際課程」。假如參與了強校的社團活動，也會寫上「○○高中○○社進軍國民體育大賽」，一流大學的學生也會寫著「○○大學，○○研討會，國際協力團，○○公司實習生」。不過，學力程度越低的學校，這種情況就越少。

學歷是學生以努力為代價取得的社會地位，想在社群平臺上誇耀是正常現象。大人們其實也是如此。

關東地區一名五十多歲的知名升學高中男老師說：

「過去，就算升上名校，只能從制服或學生書包察覺到這一點，現在則可以藉由社群平臺展示學歷給不特定多數人看。我也聽說有男學生在社群平臺寫上校名之後，追蹤者就增加了。也會有陌生的女孩看到校名就追蹤，並傳送訊息給他。到了校慶時，就能與這些網路上認識的女生約見面。

「從這方面來看，學生們彰顯學歷的地方增加了，對於高學歷或成為菁英的抱負也變得非常高。」

前幾章中提到，首都圈的小學正在掀起國中應考熱潮，而在高中和大學入學考試，名校之間的競爭也十分激烈。

此外，由於這樣的孩子從小就接受國際教育、職涯教育及企業家精神教育，將目標放在出國留學、就業於海外企業及創業的人也很多。總體來說，現今的升學意識比過去還要高。

高學歷不再是目標

不過，並不是所有高中生都有同樣的想法。

當我詢問高中老師們時，發現大多數老師都表示，力爭上游的幾乎都是前段學校的學生，整體來說，高中生幹勁反而是低落的。

關西地區一名五十多歲的男老師說：

「我們學校的程度，勉強可以列入縣內的前段班，屬於上流中的下流。因此，即使是校內成績中等的學生，只要拚命努力，也有機會升上東京或關西地區的一流大學。

「二十年以前，只要在校成績不錯，學生從二年級結束社團活動後，就會以一流大學為目標，不顧一切努力。就算沒考上，也會選擇重考，並以相同的大學為目標。

「然而，如今目標高遠的學生變少了，得過且過的人大幅增加。因此，雖然縣內排名不變，進入知名大學的學生卻有所減少。」

現今企業在招募時，已經不再重視學歷，學校派系也正在消失。將學歷納入結婚條件的人也減少了。隨著學費高漲，追求升上一流大學而不惜重考的缺點大於優點，不少人就此放棄。

該名老師並不是在感嘆一流大學的學生減少，而是指出，**設定高目標並為此努力對現代學生而言，不再是合理選擇，甚至從一開始就沒有打算設立目標**。

老師表示，透過升學就業諮詢就可以窺見學生們的積極性不再。在這所高中中，升上三年級要決定未來出路時，說出以下這些話的人不在少數：

- 「我不喜歡唸書，讀現在成績能去的學校就行了。」
- 「選離家近的學校就行了。老師，請幫我從中選一些我可以上的學校。」
- 「要是報考好幾間學校都落榜，報名費就白花了。所以我要靠推甄入學，排名後面的學校也沒關係。」

- 「朋友說要去〇〇大學，所以我也要去。」

直到十幾年前，如果學生在升學就業諮詢時這樣說，老師就會搧風點火道：「只要擁有高遠的目標，就能開拓出不同的人生喔。」不過，最近這種說法再也無法打動學生。

老師繼續說道：「現在，不惜重考也要上大學的，只剩志在醫學院或牙醫系的學生。然而，他們大都不是因為自己想考上，而是身為醫師或牙醫的父母，要求他們繼承家業，無可奈何之下不得不重考。這些學生會抱怨父母不准他們就讀醫學院以外的科系。」

不願意挑戰高目標

根據大學入學共通考試（按：日本的大學聯合入學考試，相當於臺灣的學測，於二〇二一年起實施）和大學入試中心試驗（舊制）的報考數據，以往重考生最多的年度為一九九四年的十九萬兩千兩百零八人，二〇二四年度為是六萬八萬兩千兩百人，減少為三分之一。

社會背景不同也是形成這個現象的原因之一，如果這個問題只出現在升學方面，還沒有嚴重到需要大驚小怪。然而，幹勁低落的心態也能在其他地方看到。

現代孩子們會用「動力」來表示幹勁。

他們會說「沒有動力，所以不想去學校」，或是「今天動力很低，所以就不去社團活動了」。升學就業諮詢時則會變成「因為沒有動力，所以當不成重考生」。

除了升學就業諮詢外，還有哪些情況能感受到學生們的消極？東海一名中等程度的公立高中四十多歲男老師說：

「我認為，這種現象也體現在社團活動中。不論是棒球社或橄欖球社，體育類社團的學生通常會追求更高一層或兩層的目標。像是出戰甲子園，或是出戰花園橄欖球場（按：日本最古老的橄欖球場，被譽為高中橄欖球的聖地，每年都會舉辦全國錦標賽）。能進入縣立大賽等級的社團也很有幹勁，因為以前最好的成績是前八強，所以今年就以前四強為目標。

「然而，如今能設定高目標的孩子幾乎絕跡了。他們不會抱太大的期望，會毫不在乎的說：『因為去年打進第三場比賽，今年要是也打進第三場就好了，即使第一場就輸了也沒關係，只要開心就好。』當老師說要以參加全國大賽為目標，他們要不是嘲笑，就是把這當成職權騷擾。」

類似昭和時期那樣的「熱血運動精神」已經完全落伍了。不過，適度擁有高遠的目標，朝這個方向努力後就會成長，這也是現實。為什麼現代學生不再這麼想？

該名老師表示：

「他們大概是過於重視過去的數據或自身的能力，並將此化為數值，片面斷定學校程度或自身水平就只有這樣，也就不會期望更多了。

「另一個原因則是大家常說的性價比（cost–performance ratio，簡稱為CP值。為性能和價格的比例）或時效比。追求超過自己能力的事物，效率會很差。因此，對他們來說高遠的目標是不合邏輯的。」

挑戰高目標的確有的可能失敗。不過，對高中生而言，挫折的經驗會成為生活上的精神糧食。即便沒有成功，也能透過以往努力的經驗，思考下一次該怎麼做才能取得更好的成績。

然而，老師口中的學生似乎認為失敗是人生的汙點。所以，高遠的目標本身沒有意義。

社團沒有社長

說到社團活動，一名三十多歲的網球社男老師曾告訴我，他在就任社團顧問的第一年，就放棄選出社長，以下是事件經過：

該名老師剛成為網球社顧問時，社團還沒有社長。練習時，大家都笑著悠悠哉哉的打球。

老師認為這個社團需要社長領導，於是就召集社員，共同決定社長和副社長人選，並徵求志願者。結果，沒有任何一個人自願，無奈之下，老師便指定了其中兩名學生。

不到一個月的時間，被指任社長和副社長兩名女學生突然說她們想要退社，兩人表示：「一直到去年還可以開心打球，沒有人會說什麼。但是，我們當上社長和副社長以後，每當要求社員去做老師制定的練習清單時，大家就會厭惡的說『我又不是想變強才加入社團的』。我們也突然背負奇怪的責任，很有壓力。所以請讓我們退社。」

老師對此相當煩惱，和資深老師商量後，資深老師苦笑答道：「現在的學生會衡量自己的能力是否與職位相稱。社員不會做超出自身實力的事情，更不用說擔任社長或隊長。因此，其他一些社團也廢除了社長制度。」

如果成為社長，就必須擔負額外的責任，即使勉強自己也必須帶領其他成員，但這對他們來說是難以承受的。

網球社老師聽了之後，反省自己的選擇可能讓學生感到壓力，於是廢除社長制度。他接著說：「**現在的孩子只會量力而為。自己設定自己的極限，也不期望有所成長**。他們會害怕並試圖避免競爭。**他們覺得競爭不是切磋琢磨，而是與別人衝突**。或許他們缺乏經驗，沒能意識到自己在競爭中將有所成長，所以就斷定自己只有這點程度，也只做能力範圍內的事情。」

校園中的競爭無論成功和失敗，都會帶來成長。但如果學生認為這是與對方的衝突，自然就會產生想要避開的心態。

學校以外的成年人們怎麼想？

我訪問了首都圈經營免費補習班或兒童食堂的三名老師，他們都同意許多孩子只願意設定適合自己需求的目標。

不過，聚集在免費補習班或兒童食堂的，大都是低所得家庭的孩子，與高中老師的感受有些許不同。三名老師分享了以下的小故事：

- 詢問十七歲女孩將來的目標，她的回答是車輛引導兼職人員。詢問理由後發現，過去疼愛她的叔叔也從事這份工作，並告訴她「這份工作不僅不忙，請假也很容易」。
- 希望在高中畢業後即就業的學生，沒有將目標放在擔任正式員工（按：日本的僱用形式主要分為正社員、派遣社員、契約社員和兼職。其中正社員〔即正式員工〕指和企業簽訂無限期的僱用合約，能有穩定的收入和完整的公司福利）。有個學生說他畢業之後，想繼續從事現在的兼職。當問他原因時，他回答「因為跟現在的店長相處很和睦」、「因為現在的兼職處沒有壓力」。關於收入較低的問題，他的想法是「住在老家總會有辦法的，不要緊」。

- 在家族中被過度寵愛的孩子，往往沒有高遠的目標。例如有學生表示「家人很重要，所以我想高中就輟學去兼差打工，買好吃的東西給媽媽」。比起自己的將來，想被家人善待和誇獎的心情更強烈。
- 沒有談戀愛或結婚打算的人，往往只會追求眼前的事物。有個女孩一邊追喜歡的偶像，一邊打工謀生。當老師建議她多加把勁，考個證照對將來更有利時，她卻回答：「我打算一輩子單身，沒有必要努力。」

這樣的孩子們常把一個詞掛在嘴邊，那就是「規格」（specification）。當老師鼓勵他們「如果你能像那個人一樣努力就好了」，他們就會回答「這跟我的規格不同」。

這裡所謂的規格，指電腦性能，引申為與生俱來的能力。換句話說，天生的能力就像電腦性能一樣，本來就不同，所以追求高目標或互相競爭也沒有意義。

孩子們為什麼會限縮自己的可能性？關東地區一名四十多歲免費補習班女老師，提出不同於學校老師的說法：

「現在日本社經差距加大，大多數人沒有餘力懷抱那麼偉大的夢想。而這些孩子們從小時候就見識到太多艱難的現實。

「不論是媒體或父母，大家都在抱怨薪水低、國家未來沒有希望，或是上班很難受。孩子在這樣的過程中長大，自然就對痛苦的競爭不感興趣，覺得量力而為就好。」

我也曾聽過青少年這樣感嘆。

第一次見到樂在工作的大人

事情發生在某次校園演講後，我跟二十名左右的學生圍在桌邊聊天。當時我談到工作，我告訴他們取材寫書讓我開心的不得了。結果，所有人都一臉困惑的看著我。我問他們怎麼回事，他們表示第一次見到樂在工作的大人。

學力程度越低的高中，這樣的反應越強烈。一定是因為父母或周圍的成年人，習慣在他們面前訴說對社會的絕望。聽著這些苦水長大的孩子們，不知不覺間就被奪走了希望。

免費補習班的老師接著說道：「只抱持微小夢想的青少年，無論好壞，都會踏實的去實現它。他們並不會多方嘗試，逐漸擴大夢想，而是以最初的決心，抓住微小的夢想，不再奢望更多。」

為什麼要愚直的堅持於小小的夢想？對於這個問題，青少年們的回答是這樣的：**「我就只有這個了。」**

他們最初擁有這個微小的夢想時，恐怕就是抱持這樣的心情。與其以積極的心態追求達不到的目標，不如說服自己「我就只有這個了」、「規格低的我，就只能做到這樣」，而做出這樣的選擇。

因此，一旦他們失敗，就無法轉換成其他新的目標。要是小夢想沒有實現，就會感到巨大的挫折，覺得「我的人生完蛋了」。跌倒一次，就等於人生失敗。

成年人看到缺乏上進心的年輕人，往往會斷定「現在的孩子心智脆弱」。不過，如今的社會，已非當年札幌農學校（現為北海道大學）的美國教育家克拉克（William Smith Clark）博士能說出「少年啊，要胸懷大志！」（Boys, be ambitious!），且未來充滿希望的時代。

現今社會充滿讓人無法胸懷大志的因素，孩子們只能竭盡全力，實現符合實際需求的夢想。

2 平均擁有九個社群帳號

高中以上的學生，使用社群平臺的比例激增。

高中之前，學生主要使用LINE或YouTube。不過，根據Penmark（日本ＩＴ企業，主要開發校園或教育應用程式）的〈高中生活實況調查〉，高中生除了前述兩種社群與應用程式以外，Instagram的使用率為六九．三％、TikTok（抖音）為四九．八％、X則有四七．九％。

如果沒有社群平臺帳號，高中生活幾乎無法順利進行。現在的國中生在高中入學考結束後，就會在社群上發布像是「＃春天起唸○○高中」的標籤，並在入學前就建立社群群組。反過來說，如果不使用社群平臺，就必須從邊緣人起步，入學時將不會認識任何人。

高中生平均每天使用多久的網路？根據日本兒童家庭廳的〈令和五年度（二〇二三年）青少年網路使用環境實況調查報告書〉，預估二〇二三年**高中生使用網路的平均時間將達到每天六小時十四分鐘**。相較之下，國中生為四小時四十二分鐘、小學四至六年級為三小時四十六分鐘，而國小一至三年級為兩小時十七分鐘。

假如學校裡禁止使用手機，就表示除了通勤時間外，高中生們下課後幾乎都掛在網路上。

關西地區一名四十多歲的男老師說：

「讓我擔憂的是，學生們在使用社群平臺時，會將自己分成好幾個部分。原本一個人就有很多個面貌，例如喜歡格鬥、動畫、聲優或貓咪，這些都可以屬於一個孩子的一部分。

「不過，學生們會進一步細分自己內心的多樣性，創造許多分身般的帳號，並使用不同分身與不同的人往來。這只能歸因於社群平臺的影響。」

第二章和第三章中提到，國小生和國中生都只會用自己的單一面向跟朋友交往。當這些孩子升上高中，必然會將人際關係分得更細。

不論是使用 Instagram 或 X，學生們會在每個社交平臺建立多個帳號。

在這次的採訪中，我請前述的老師從他任職的學校中，邀請五名高中三年級的學生參與訪談。結果發現，**每個人平均持有九個帳號**。

對這些學生來說，各式各樣的帳號都是自己某一面向的分身。

其中一名男學生持有日本漫畫《【我推的孩子】》粉絲帳號、文具迷帳號、希望進入〇〇大學的高中生帳號、以會計師證照為目標的帳號、猜謎愛好者帳號、專門瀏覽他人社群平臺的帳號，以及傾吐平常不平和不滿的帳號等。

就像這樣，現代學生藉由不同的帳號，將自己的人格劃分為好幾個。然後，每個帳號會各自形成社群，分別談論《【我推的孩子】》、交換文具的資訊或發發牢騷，靈活運用。

為了加深對特定主題的了解，並結識擁有專業知識的人，這樣的使用方式是很合理的。然而，老師指出，當學生習慣社群平臺上的交友模式後，即使在真實的世界裡，也會試圖細分自己或別人。

比如先前提到的男學生，他透過文具迷的帳號，認識了一名比他年長十歲的文具愛好者，不只透過私訊交談，還會實際碰面，一起到文具店或是在咖啡廳裡談文具話題。不過，他們互相隱瞞了自己的本名，彼此以網路暱稱相稱，隻字不提文具以外的事情。他們的關係只建立於對文具的熱愛。老師接著說：

「這種交友方式在社網路或許沒問題，但在校園中就會出現各種負面影響。最常見的情況，是只看到他人的一個面向，一旦看到同學的另一面就無法接受。

「現今學生在不同場合或對象面前，只會展現既定的樣貌。在社群平臺上，或許可以這樣應付，但在真實的世界中，就算當事人試圖隱藏，也會無意間展現另一個面貌。在這個瞬間，他們會產生『我無法接受』的情緒，導致關係破裂。」

認識兩年的友誼，只是假象

前述的老師分享了一則故事：

某天的課堂休息時間，二年級學生發生了糾紛。L同學踐踏M的書包，弄壞了筆袋和手機。兩人從一年級時就同班，感情非常融洽，究竟發生什麼事情？

老師聽說這件事後，先詢問L事情經過。L說：「M背叛了我，所以我才這麼做。」

根據L的說法，他和M是西班牙足球隊「巴塞隆納足球俱樂部」的粉絲。雙方都有巴塞隆納粉絲的帳號，也會透過社群平臺交談。

有一天，L透過同學得知，M有其他帳號。那似乎是國中時建立的帳號，主要向國中小時期的朋友發布身邊事。

發布的內容是這樣的：

「我們高中太多巴塞迷了，讓人有點煩。最近比較喜歡綜合格鬥。」

「我們高中的程度很低，畢業即就業的人相當多。聊不起來，太難受了。」

L看到這些內容後非常驚訝。明明在學校聊了那麼多足球話題，「比較喜歡綜合格鬥」是什麼意思？為什麼不說他想繼續升學，卻又跟志願高中畢業後直接就業的自己往來？

隔天，L盤問M此事。M回答：「我並不是在說你。況且你對綜合格鬥沒興趣，所以才沒說我喜歡。而且，我也沒有必要跟你報告自己的志願是上大學吧？不要擅自搜尋和抱怨啦。」

L感到非常生氣，認為自己認識了兩年的M，竟然只是虛偽的假象。於是L在休息時間，將M的書包扔到地板上踐踏，踩壞了筆袋和手機。

關於這段經驗，老師表示：「假如只用單一的面貌與人交往，看到其他面向時往往會覺得遭到背叛。因為不習慣以整體的角度了解對方，所以容易以偏概全。可以作為巴塞隆納的粉絲交往，卻不能接受對方喜歡綜合格鬥和報考大學。有時，學生之間會因此發生衝突。」

破壞東西的L固然有錯，但是M將一切都寫在網路上，顯然也是個壞主意。不過，正是因為無法體貼彼此，類似的問題才會頻頻發生。

而高中生對人際關係所進行的「細分」，不只是自己，也會要求對方這樣做。不少老師們分享的故事都讓我十分意外，其中包括異性之間的關係，例如對彼此提出扮演不同角色的要求。

不同用途的情人

九州地區一名四十多歲的女老師說：

「最近聽到學生們的事，有時不免讓我懷疑，他們到底是不是一對情人。在我那個時代，戀人應該是感情逐步升溫的關係，現在的情況卻截然不同。

「在我擔任導師的班上，有一對男女每天會一起上下學，公然牽手。午休時，兩人會一起吃女學生做的便當。我當時還以為他們是情侶。

「有一天放學後，我跟他們走在一起，若無其事的說：『你們還真是要好的情侶啊。』結果，他們卻回答：『我們其實沒有在交往。』我驚訝的問他們是什麼關係，他們說，就只是偶爾會牽手、偶爾做便當給對方吃。

「當時我聽了有點難以置信。於是，我問為什麼感情這麼親密卻沒有發展成情侶，兩人苦笑回答『關係再深入會有點……。』現在的高中生之間，往往有很多這種『朋友以上，戀人未滿』的微妙關係。」

對於我們這一代來說，男女生每天一起上學、手牽手或一起吃便當，就等於是在交往了。不過，從年輕人的角度來看，這樣就認定彼此在交往似乎有點輕率。

其實，已經有人為這類關係命名：

- 睡友：寂寞時陪自己睡覺的朋友。
- 抱友：寂寞時給予擁抱的朋友。
- 情傷友：療癒情傷的朋友。
- 情侶友：可以扮演情侶的朋友。

我念高中時，類似的關係某種程度上也是存在的。但是，當時並沒有這麼詳細的分類，更別說是命名。頂多只有「情人」和「砲友」（床伴）的區別，當時的界線比較模糊，因此睡友或情侶友也可能發展成戀人關係。

不過現在不一樣了。就像第三章提到，國中生將朋友細分為飯友、喲友等，高中生甚至如此區分異性關係、釐清界線。一旦決定後就不會再越雷池一步，維持不變的關係。

為什麼要將朋友或情侶等人際關係，分得如此仔細？前述的老師說：「我想這是因為遵守法規的觀念深植於青少年們心中。假如不是情人卻牽手或擁抱，在現在這個時代會被視為性騷擾。但是，只要冠上稱呼，主張兩人是〇〇關係，只要不逾越界線，就不會受到批評。所以，他們會事先公布關係，以保護自己。」

假設有個男生交了女友，卻跟其他女性在公園裡擁抱。這樣曖昧的關係對女友來說，就是出軌。然而，要是宣稱兩人是抱友，兩人的行為就可以被合理化。

我認為高中生的戀愛應該是更加自由開懷的，但在現今嚴格要求守法、守規的時代，或許難以實現這樣無拘無束的戀愛方式。

3 網路上聊幾次，就交往了

對青春期的孩子來說，戀愛是最能炒熱氣氛的話題。身為每天要在學校接觸大量高中生的老師，不可避免的會聽聞關於誰交往和誰分手的話題。

現在的高中生有多少人正在談戀愛？

根據日本保險公司Gibraltar生命於二〇二三年發表的問卷調查，結果指出，**曾經談過戀愛的高中生為五二．二%，現在有交往對象則為一八．三%**。

僅從這一點來看，高中生似乎正在享受戀愛應有的樂趣，但令人在意的是，這跟政府的調查數據不一致。

二〇二二年日本內閣府所做的調查指出，**二十多歲的男性中，約有七成回答自己沒有伴侶，約有四成表示沒有約會經驗**。由於世代或調查對象的差異，多少會產生一點誤差，但這個差距似乎有點太大了。

關東地區一名四十多歲的男老師，和我分享了他對這個差距的看法：

「當我聽到學生們的戀愛狀況時，讓我感受到**現代對於『交往』的概念，跟我們那個時代不同**。假如這份問卷仍以過往的定義進行調查，就會產生誤差。

「雖然因學校而異，不過我個人認為，半數以上高中生有戀愛經驗的比例似乎過高。也有當事人認為自己正在和對方交往，實際上卻並非如此的案例。」

許多老師都指出，青少年對交往的概念正在改變。

這名老師告訴我，網路情人的存在就象徵著這一點。神奈川縣一所高中曾發生過這樣的事情：

某天放學後，一名高中一年級的男學生來到教師辦公室，向老師炫耀他交了女朋友。

男學生看起來似乎希望和別人談這件事，所以老師便問起對方是什麼樣的女孩。男學生昂首挺胸的回答：「對方是德島〇〇高中二年級的女生，比我高一個年級。」

為什麼住在神奈川縣的他，會跟生活在四國德島縣的女孩交往（按：兩者相距近六百公里，且位於不同島嶼，開車至少需要七小時）？

男學生說明道：「我們是在網路上認識的。雖然還沒見過面，但她在社群平臺上的照片實在太可愛了。」

明明沒有實際見面卻是戀人？老師問男同學告白了沒，他說：「還沒告白。不過，我們每天會用Instagram傳訊息聊天。」

老師又問，難道一對一傳訊息交談，就算是交往了嗎？男學生回答：「嗯。因為她也把LINE的ID告訴我了。」

至於對方是否也覺得兩人在交往，男學生似乎沒有證實過，只說了：「嗯，一定是這樣的。」

既沒有當面聊過天，更不是現實中可以輕易見面的距離。即使如此，**對於現在部分高中生來說，只要在社群平臺上有幾次互動，就能成為網路情人。**

過去我也曾聽說過網路情人的存在。

沒有共識就交往

第一次知道這個詞，是在二〇一三年時採訪發生於奈良縣的LINE霸凌自殺事件。國中一年級的女學生，和縣外素未謀面的男子用電子郵件聯繫，並在朋友面前稱他為戀人。

她在家中和學校遇到了某些困難，陷入苦惱，卻沒有跟網路情人訴說自己的困境。後來，她終究沒向任何人坦白心事，就從自家附近的公寓跳樓了。

當時，網路情人的存在仍不廣為人知，這件事對我來說也很衝擊。假如她有個現實中的男友，也許她就有更多機會可以尋求幫助，男友也能給予實際的支持，這最終在我心裡留下了複雜的感受。

事發至今已超過十年，網路情人已經變成理所當然的存在。前述的老師表示：

「不只是在網路上，有些學生認為，一對一在咖啡廳喝過茶，或是在社群平臺上寫『我可能喜歡上你了』，就等同於交往，絕不誇張。

「以前是其中一方告白，另一方答應後才開始交往，但無論網路或現實中，這種傳統做法卻逐漸行不通。這些學生在沒有達到共識的情況下，就認為自己有戀人，因這種誤解而發生的問題也很多。」

另外，二〇一八年時，熊本縣就有一起自殺案件，正是某個高中三年級男學生，誤以為自己跟同班女學生正在交往而引起。

該名男學生以為兩人在交往，因女學生跟其他男同學的關係親近而憤怒，就聯合班上的朋友一起指責她花心，最終逼得女學生自殺。

雖然不一定會發展成這麼嚴重的情況，但片面堅信兩人正在交往，而另一方卻認為並非如此，遲早會產生誤會。

把動漫角色當愛人

說到另一種在網路上談戀愛的類型，就是現在許多人熱衷的「追星」。

粉絲推崇的明星，除了偶像或聲優等現實中存在的人物，也包括動畫或電玩等二次元角色。單方面喜歡這些明星，並參加聲援活動，就是追星。

老師指出，**高中生中早早放棄談實際的戀愛，專注於追星的人正逐年增加**。東北地區一名三十多歲的女老師描述道：

「觀察現在的學生們可以發現，**戀愛正在往二次元方向發展。愛上真實的人很辛苦，所以他們選擇追明星、動畫角色、聲優及偶像**，並全力聲援。

「喜歡明星比喜歡現實的人還容易，只須像單戀一樣單方面喜歡對方就可以建立關係。就我所看到的，甚至有女學生努力打工賺錢，只為了買幾萬日圓的項鍊，送給喜歡的明星。這是一種模擬戀愛的感覺。」

如果是要送生日禮物給動畫角色，只要在信封寫上角色的名字，再寄給製作公司就行了。

現在是人人都會追星的時代。日本媒體公司 GMO Media 於二〇二三年的調查指出，九九％的國、高中女生有喜歡的明星，其中有七七．九％會花錢在明星身上。

這樣的青少年，有些會在追星之餘跟真人交往，有的則是和伴侶一起追星。不過，擁有真實的愛情生活，與放棄戀愛並將感情灌注在明星上的學生，是兩件不同的事，而老師擔憂的是後者。

老師接著說：「驚人的是，學生們會稱喜歡的明星或偶像為自己的另一半。有一次，學生告訴我自己有了戀人，我問他對方是什麼樣的人，他卻說出動畫角色的名字。甚至有學生真的認為對方就是自己的情人，分不清喜歡二次元角色和真實戀情的區別。」

既然現今青少年對戀愛的觀念已經改變，就可能會使他們混淆虛擬和真實的戀愛感，但為什麼他們這麼愛慕虛擬人物？老師對此表示：「**跟明星談戀愛，是因為可以避免無意義的溝通**。說得更明白一點，就是**他們不希望因為交往而受到傷害**。現實生活中的戀愛在告白失敗時，往往會讓人覺得受傷。然而，動畫角色或偶像不會拒絕，所以可以放心的喜歡他們。」

就如本書所提到的各種現象，現代孩子的抗壓性低，對於沒有不曾遇到挫折的孩子，因為害怕受傷而放棄談戀愛的心情，確實可以理解。

不過，令人憂慮的是，隨著追星活動的普及，這件事逐漸變得商業化。

現今，有許多企業搭上追星的熱潮，千方百計試圖從人們身上賺取金錢。而「打賞」就是一種方式。打賞系統指在網路上透過信用卡等支付方式，贈與金錢給螢幕上正在表演的偶像或動畫角色。事實上，也因此陸續出現過於沉迷，而投入幾十萬日圓的孩子。

高中生的感情正被轉化為商業模式，並形成了巨大的市場。

4 談戀愛也講究性價比

高中生現實生活中的戀愛是什麼樣子？

無論是過去或現在，他們相遇的方式，都以校園戀愛為主。每天在學校碰面的過程中，自然而然的互相吸引。以前，走出校園尋找戀愛，也是常見的事。例如，拜託其他學校的朋友幫忙、舉辦聯誼，或是去其他學校的校慶遊玩並找人搭話。

現在仍有這種戀愛意願的學生，不過，在學校老師眼中，從同班、同社團等周遭環境中尋找對象的學生正在增加。這可能是因為溝通能力的下降，使他們不會主動跨出生活圈，與第一次見面的人交談，並邀請對方約會。取而代之的是，藉由社群平臺認識並發展為戀愛關係的案例，在高中生之間急速增加。

高中生不會像成年人一樣使用交友配對軟體，而是從朋友社群帳號的追蹤者中，尋找喜歡的類型並追蹤，或是利用主題標籤（Hashtag）搜尋功能，找到興趣相投的人，然後傳送訊息來加深彼此的關係。

因此而生的**網路戀愛情侶，約會往往也是在網路上進行**。他們不會一起去電影院，或是約在咖啡廳聊天，而是各自在家觀賞同一部電影、吃同樣的點心，再透過社群平臺互相分享感想。除此之外，其他約會形式包括在線上玩同樣的遊戲、使用APP編輯彼此的照片再互相展示等。**實體約會正在被線上約會取代**。

我採訪的一名男學生表示：「實體約會的性價比很差，花時間又花錢。再說，實際一對一見面後，既不曉得要聊什麼，也不曉得該在什麼時間說要回家。但是，在社群平臺上講再多話，不僅不花錢，也可以隨時中斷。」

訪談時同席的女學生也贊同這個看法。雖然心裡想要見面，但現實世界的約會，不論在金錢或溝通上都是一種負擔，所以就最終選擇用社群平臺輕鬆了事。

見面當天就上床

以下資料顯示出線上約會的比例大幅增加。

愛知縣以縣內的高中生為對象進行大規模的調查，其中一項統計是「從見面到發生性行為，最短的時間是多久」。結果如左頁圖表5所示，無論男女，回答「見面當天」的人數，都超過了「一週以內」、「一至兩週」及「兩週至一個月」這三個項目。

有一名參與調查的六十多歲男高中老師，看到統計數據後焦急的蒐集更多相關資訊。深入調查後，他逐步揭示了高中生的戀愛真實情況。他解釋道：

「經過詢問，我發現高中生們大都在網路上邂逅和約會。在網路上相處一、兩個月的時間裡，感情會逐步加深。

「不過，接吻或性行為等肢體接觸，必須見面才做得到。於是，實際見面時，就會直接約在對方家裡或旅館。因此，回答『見面當天』的人才會變多。

「用他們的觀念解釋，就是雖然在現實中見面是第一次，但其實他們早就在社群平臺上見面很久了……。」

的確，假如相遇、告白及約會都在社群平臺上完成，事情會如此發展也不是沒

圖表 5　從見面到發生性行為的時間

● 有沒有性經驗？

（單位：%）

	男性			女性		
	2002	2009	2019	2002	2009	2019
有	28.0	17.6	14.6	33.8	18.5	12.8
沒有	65.4	78.7	81.0	58.8	77.4	82.8
不詳、拒答		3.7	4.4		4.1	4.4
總計	100	100	100	100	100	100

● 從見面到發生性行為，最短的時間是多久？

	男性		女性	
	件數	%	件數	%
見面當天	81	14.3	64	17.7
1 週以內	54	9.6	16	4.4
1～2 週	48	8.5	21	5.8
2 週～1 個月	63	11.2	47	13.0
1～3 個月	136	24.1	82	22.7
3～6 個月	96	17.0	65	18.0
6 個月以上	87	15.4	67	18.5
不詳、拒答	11		4	
總計	576	100	366	100

出處：愛知縣私立學校協會「性教育研究會」與「愛知青春期研究會」2019 年度〈高中生性事相關調查〉。

有道理。

發現對方也喜歡自己，就不再喜歡

儘管線上約會可以減輕時間或金錢的負擔，卻也有弊端。

即便在社群平臺上交往再深入，終究只能接觸到對方的一個面向。比如，就算是視訊通話，也無法看到對方全貌。現代青少年之所以認為在社群平臺上交往很輕鬆，就是因為在網路上只需要展現片面的自己。

這樣的兩人突然在現實中見面，會發生什麼事？關西地區一名四十多歲的女老師說：

「學生們經常說『見了面才發現被騙了』。這是因為他們只在網路上交談，所以實際見面後，會發現對方跟想像的完全不同，於是就形容成『被騙』或『遭到背叛』。雖然對我而言，這樣的行為只是他們行事太過草率而已。

「無論如何，假如是長相或性格與想像中有些落差，並不是太大的問題。但在某些嚴重的案例中，則會被對方勒索錢財或遭到暴力對待。尤其女性，他們與年長異性認識的機會更多，因此也更容易陷入麻煩。」

近年來，以社群平臺為媒介的兒童色情、約見面而導致的性犯罪及詐騙等情況頻頻發生，日本警察廳〈令和五年的犯罪情勢〉指出，因社群平臺違法行為而受害的未成年者，已知的受害者高達一千六百六十三人。

該名老師所說的現象，稱為「蛙化現象」。這個詞在二〇二三年獲得新語和流行語大獎的提名，一般指「得知自己心懷好感的對象也喜歡自己後，反而對對方失去興致」。

老師想表達的是，現代青少年沒有能力在現實中與人互動，所以會試圖透過社群平臺溝通。當他們突然為了談戀愛而與人面對面時，許多不安的情緒也會蜂擁而來，導致情感冷卻。

過去，與透過書信或電話保持聯絡的對象（例如筆友）見面，也可能會發現對方與自己的想像完全不同。不過，只要習慣從多種角度認識一個人，就可以理解這種情況。

然而，要是缺乏經驗，就會理解成被騙和遭到背叛。

戀愛至上主義消失

先前提到高中生的性事，整體來說呈現什麼樣的趨勢？在愛知縣的調查中也問到了性經驗，就如第二八三頁的圖表5所示。透過二〇〇二年、二〇〇九年及二〇一九年的數據可以發現，有性經驗的高中生正在減少。

東海地區一名六十多歲的男老師說明道：

「二〇〇〇年前後有所謂的『援助交際（按：源自日本的委婉語，指未成年人為獲得金錢而答應與成年人約會）熱潮』，這段期間有性經驗的人急速增加。但就算扣除這些人數，我認為現在有相關經驗的人也正在減少，原因就在於不擅長溝通。

「假如對溝通有某種程度的自信，會以嘗試的心態主動接近對方。相反的，對於沒有自信的人來說，無論是剛開始的告白，還是在長時間的各種交流中發展關係，往往都沒有信心。所以，有些人會在一開始就會打退堂鼓，有些人則關係開展了卻沒能延續。」

當老師向這些對戀愛不感興趣的學生，半開玩笑的說「你們應該有喜歡的人吧」，他們的回答會是「我沒有異性緣」，片面斷定自己不適合談戀愛。

在這次的採訪中，有個意味深長的現象：資深老師認為高中生戀愛意願減退的原因，是溝通能力下降導致，但年輕老師們卻提出完全不同的看法。關東地區一名二十多歲的女老師說：

「高中生之所以不談戀愛，是因為可供選擇的生活方式變多了。以前的社會觀念認為，長大成人後就要結婚、年輕人應該要談戀愛。一個人處於這種社會風氣時，就會受到周遭推動而談戀愛，所以，找不到伴的高中生也因此感到著急。

「但如今的社會沒有這種壓力。**就和現在的成年人也覺得不見得要談戀愛或結婚一樣，高中生們也認為讓那些想談戀愛的人去談就好。**所以，**他們並不會因為自己沒有情人，而感到羞恥，是自己選擇不談感情。**」

這個趨勢也能在成年人身上看到。根據日本國立社會保障暨人口問題研究所的〈第十六回出生動向基本調查〉（結婚和生產相關的全國調查）指出，沒有交往對象的年輕男女（十八歲至三十四歲）中，二〇一〇年至二〇二一年間，回答「不希望與人交往」的人，男性從二七．六％增加到三三．五％，女性則從二二．六％增加到三四．一％。

在認可多元生活方式的時代中，不談戀愛已成為一種選擇，也應該得到尊重。具性經驗人數的減少，或許也是多元社會所產生的現象。

5 五〇％高中生網路成癮

二〇二三年，日本靜岡縣教育委員會公布其設置的「網路成癮判定系統」，針對縣內約一萬六千名小學和國、高中學生調查的結果。

調查顯示，有網路成癮傾向的高中生為五〇．一％、國中生為四五．八％，小學生則為三〇．六％。相當於一半的國、高中生和三分之一的小學生。

網路成癮並不是單純指長時間使用網路，而是指這件事已對他們的日常生活造成各種負面影響。其中包括：因晝夜顛倒而上不了學、久坐導致身體機能下降、食慾減退、壓抑不住焦躁的情緒、對家人或朋友施暴，以及在遊戲中鉅額消費。

在孩子們升上小學之前，父母的螢幕使用時間也會反映在孩子身上。父母上網的時間越長，他們的孩子也會花越多時間在上面。隨著年齡漸長，升上國中和高中後，又有其他必須使用網路的因素。

關西地區一名五十多歲的男校長說：

「高中生會遇到親子、經濟、學歷、戀愛及其他許多問題。而越需要承擔這些問題的學生，就越容易沉迷於網路。

「以前，有問題的孩子會誤入歧途。因為討厭學校或家庭，所以會組成不良少年集團，並在那裡生活。夜晚的集會處就是一種避難所。

「現在的避難所則變成了網路。當不良少年必須與人相處，需要耐性或溝通能力，但現在的學生缺乏這種能力。所以，與其當個麻煩的不良少年，還不如在家中輕鬆享受網路。」

有論者指出，**不良少年自二〇〇〇年代起不斷減少，網路成癮取而代之，並不斷攀升**。

二〇一九年，WHO將遊戲成癮追加至《國際疾病與相關健康問題統計分類》（International Statistical Classification of Diseases and Related Health Problems，簡稱

《國際疾病分類》（International Classification of Diseases，縮寫為ＩＣＤ」），並正式將其認定為精神疾病。處理這種問題的醫療機構增加，世間對此的認知也提升了。

然而，人們尚未意識到，遊戲成癮的根本原因，其實源於孩子們面臨的另一個問題。

為什麼我們會對遊戲上癮？一言以蔽之，就是為了逃避現實生活中的壓力，而逃進假想世界中。

假設在家裡或學校遇到糟糕的事情，由於孩子們無法憑自己的能力解決問題，就會乾脆放棄。只要戴上耳機、握住遙控手把，專心的在螢幕中開槍射擊、打倒敵人，這樣就不必思考現實了。

其實大人也一樣，假如在家裡或職場遇到不順心的事情，許多人會藉由酒精或賭博消遣、忘卻煩憂。

假如是適度利用，不管是酒精或電玩都沒問題。但是，假如人生只剩下這個，並完全逃避現實世界，就會處於「成癮」的狀態。

這就是網路成癮難以治療的原因。埋頭於電玩的行為只不過是次要的現象，假如真正的原因是纏繞在當事人身上的現實問題，不解決就無法從根本治療。

女性的網路成癮現象跟男性有很大的區別。與男性相比，女性傾向於想要置身在關係當中，所以社群平臺成癮的情況會比電玩還多。

擅自用父母的信用卡，或是以賣春賺錢等管道，掙取追星的花費，就是典型的成癮症。

為了「讚數」瘦身

除此之外，透過社群平臺，學生也可以是發布資訊的一方，所以引發了不少麻煩。以下是關西地區一名三十多歲女老師的說法：

「學生們雖然都說社群平臺是蒐集資訊的地方，但我認為其實是滿足他們虛榮心的一項工具。不論是Instagram或TikTok上，他們都是在互相炫耀自己多麼可愛、多麼幸福、多麼奢華。

「假如是有判斷力的孩子，或許能樂在其中。不過，意志薄弱的孩子就容易受到煽動。我們學校的學生也一樣，當他們看到社群平臺上許多約會的照片時，就會焦急的想『大家都跟男朋友幸福的約會，我也想要』，而註冊可疑的交友配對軟體，並因此受騙上當。

「例如，得知喜歡的網紅身上有刺青的學生，誤以為刺青在可愛的女孩之間很流行，而在脖子上刺青（按：在臺灣，未滿十八歲者刺青須經父母或法定代理人同意）。

「雖然能正確使用社群平臺的學生占大多數，但對於從事生活指導的教職員來說，更容易注意到受不良影響的學生。印象中，自新冠疫情以來，這種情況有所增加。」

這名老師的學校，曾在某一年出現兩名女學生因厭食症（神經性厭食症，即因過度節食導致健康問題、體重過輕的疾病）而送往醫院治療。這兩位女學生都是受到社群媒體的影響。

在網路社群中，年輕女性會上傳許多展示美貌的圖片或影片。這些內容有時會演變成「瘦身炫耀」，例如互相比較腰有多細、誰的手腳更纖瘦，或是能穿多緊的衣服。其中甚至有人會使用專門的應用程式，修飾自己的身形來炫耀。

一般高中生多抱持觀看流行雜誌的心態瀏覽這些媒體，但也有部分學生會受到影響，希望自己也能變得那般纖細。接著盲目減肥，上傳自己瘦身的照片，試圖博取眾人「按讚」。

不幸的是，網路上有很多教人瘦身的方法和內容都是錯誤的。例如，使用市售軟管催吐（按：將軟管深入食道或胃裡。讓食物從軟管流出，是比以手扣喉更激進的催吐方法）、以個人名義進口國外可疑減肥藥的業者、講解如何利用糖尿病藥物瘦身的 YouTuber……如果使用不當，就會導致生命危險。

上述的兩名女學生，就是用了不正當的方法在短時間內迅速瘦下來，也經常請假不去上學。父母和老師很擔心，屢次嘗試說服她們去醫療機構檢查。當兩人到醫院時，體重已經掉到三十公斤以下。

高致死率的厭食症

這樣的現象很罕見嗎？

我到日本國立國際醫療研究中心國府台醫院，採訪專門治療飲食障礙的醫師河合啟介。河合啟介表示：

「一九八〇年代的瘦身熱潮，是電視或雜誌等媒體極力吹捧身材苗條的偶像開始的。儘管現在的年輕人不看電視，卻會受到社群平臺影響。

「雖然不清楚這兩件事是否有直接的因果關係，不過，日本的神經性厭食症正在低齡化。以前，多半是二十多歲的女性會生這種病，現在卻連高中生、國中生，甚至是小學生，都可能患上厭食症。」

一般來說，身體質量數值（Body Mass Index，簡稱為ＢＭＩ，計算方式為體重〔公斤〕除以身高〔公尺〕的平方）數值在十八．五以下為體重過輕。格外嚴重的程度是在十五以下（舉例而言，身高一百六十公分的人，體重只有三十多公斤），將有生命危險。

該醫院內設置了「飲食障礙全國支援中心諮商安心專線」，ＢＭＩ十五以下來到這裡諮詢的人，年齡層如下：**十多歲約整體占四〇％，二十多歲約占二〇％，三十多歲則約為一五％**。換句話說，ＢＭＩ十五以下的重症患者中，十多歲的孩童及青少年壓倒性的多，可以說神經性厭食症正在低齡化。

順帶一提，**神經性厭食症的致死率為五％**。主要死因是低營養導致的衰弱，也就是餓死，另外還有心律不整或自殺等。河合啟介接著說：

「原本沒什麼問題的孩子，突然罹患神經性厭食症是很罕見的。霸凌、虐待、學業不振、朋友關係惡化等原因，會讓內心變得脆弱，這時，他們可能會藉由瘦身，試圖獲得別人認可，而陷入極端的節食。接著就會停不下來，形成神經性厭食症。心智薄弱、生活不順心的人，往往會掉進這樣的陷阱。」

不曉得在前述的學校中，罹患神經性厭食症的兩位女學生，承受著什麼樣的負擔。不過，根據該名老師所言，兩人都曾在社群平臺上炫耀自己體重過輕。

大人也戒不掉

就算孩子不到網路成癮的程度，為了智慧型手機使用時間的問題而苦惱的父母也不少。

其實，高中生自己也是如此。在得知日本關西學院大學高中部的學生，成立資訊通訊技術委員會後，我便前去採訪他們。

這些學生對於自己無法控制手機的使用時間抱持危機感，於是成立組織，研究其弊害並制定使用規則。我採訪了委員會其中一名女學生，對方表示：

「包含我在內的許多高中生，即便發現自己手機玩得太久而想要戒掉也做不到。雖然我們高中部可以直升大學（關西學院大學），沒有升學壓力，卻也不希望手機妨礙我們學習，甚至有人曾因網路社群而與人起衝突、惹上麻煩。

「然而，就算大人也告訴我們要戒掉手機，但當問到合理的使用時間是多久時，他們也答不出來。」

並不是說她對手機成癮特別有危機感，如今高中生大多數都能察覺到自己過度使用手機，但即使如此，也還是戒不掉。

前國中教職員、現任教於日本兵庫縣立大學環境人類學系的竹內和雄教授說：

「新冠疫情期間，學童們連上網路的時間變得更長了。對他們來說，手機就像重型機車一樣，要是沒有考到駕照就去騎，很容易發生逆向行駛等事故。「為了防止這一點，需要明訂規則。但若由大人片面決定，很難有成效。孩子們不會遵守這樣的規則，所以要記得聽取他們的意見，並取得共識。」

當孩子持有手機時，就是處於可以隨時上網的狀態。即使父母規定每天只能玩兩小時，要讓他們堅持也不容易。如果是成癮的孩子，硬性關掉Wi-Fi時甚至會暴怒、動粗。

如果是跟父母共同做出決定，會有什麼不同嗎？

竹內和雄曾以高中生為對象進行問卷調查。結果指出，四二・八％的受訪者表示曾「屢次打破父母單方面制定的規則」，而「曾打破與父母商量後決定的規矩」則為二三・一％。是否與孩子取得共識，遵守規則的比例會相差一倍。竹內和雄針對此調查說明：

「政府在沒有制定任何規則的情況下，就發放平板給孩子們是個大問題。即使在 GIGA School（Global and Innovation Gateway for ALL，縮寫為 GIGA。譯註：GIGA School 是日本政府推動的計畫，目標是替全日本每名中小學生配置一臺平板設備）的構想中，編列了平板主機的預算，卻沒有考慮到內容過濾軟體，因此孩子們能毫無限制的使用。父母也不知道該怎麼辦。

「所以，關鍵在於國家或學校要決定指導方針，父母和孩子再根據家庭情況制定規則，接著由三方共享這個規範。

「我認為，第一步是趁著孩子國中時，可以的話最好在小學時，就讓他們養成遵守規定的習慣，而不是等到孩子成為高中生才這樣做。」

先前提到的資訊通訊技術委員會，不只在校內推廣他們的理念，也會至附近的國小舉行講座活動。對國小生來說，與年齡有差距的大人相比，年紀相近的哥哥、姐姐們的建議更有親和力，也更容易成為改變意識的誘因。

資訊通訊技術委員會才成立短短幾年，但若類似的活動能夠慢慢擴展到這所高中以外的地方，或許現在的國中、小學生會更有意識的與手機保持適當距離。

6 風行日本的函授高中

當我們想起高中時期的青春，不少人腦中會浮現校慶活動、棒球社團，或是學生之間的戀愛等耀眼的畫面。

在二〇二二年的夏季甲子園大賽上，仙台育英學園高校取得優勝時，須江航教練曾說「青春，就是很緊密的」，讓人記憶猶新。不過，這是知名的棒球社故事，有的學生卻朝完全相反的方向發展。

可以從全日本函授高中越來越受歡迎看出這一點。

函授高中也有提供實體課程，但基本上以在家上學為主，即學生在家中透過網路聽課，獲得學分並取得畢業證書。

第三〇二頁圖表6是日本文科省的統計資料，並加入了日本教育諮詢企業

UNIVERSCAPE的評論。從中可以看出，私立函授高中的學生數急速增加。

日本文科省表示，二〇二三年五月時，就讀函授高中的人數為二十六萬四千九百七十四人，與前一年相比成長一一．二％，創下歷年最多的紀錄。上述數字相當於日本高中生中，每十二人就有一人，而國中每一個班級中就有兩個人升上函授高中。

這次的採訪對象為私立勇志國際高中，該學校在九州和千葉擁有六間學習中心。熊本學習中心主任西島祐次郎說：

「全日本私立函授高中的熱門度提高是事實，也讓人相當有感。本校在十年前，全校學生總共有一千人左右，現在則是翻倍的兩千人。

「其中的原因之一，就是不上學的學生增加。國中、小不上學的學生，害怕與人打交道或天天上學。這些學生就會進入函授高中，以自己的步調持續學習。」

全日本拒學人數的增加，就如圖表6中所看到的一樣。學生一旦不去學校，就會更加抗拒與人接觸的意願。即使如此，他們還是想繼續求學，也想取得高中的畢業文憑。於是，越來越多人選擇函授高中，在壓力較低的情況下繼續學業。從這層意義上來說，拒學人數增加和函授高中的普及有很大的關聯。

不過，在圖表6中也有地方無法以上述情況解釋，那就是二〇二〇年起急速增加的數字。西島主任解釋道：

「這是受到新冠肺炎影響。新冠疫情間，

圖表 6　函授高中的學生數演變

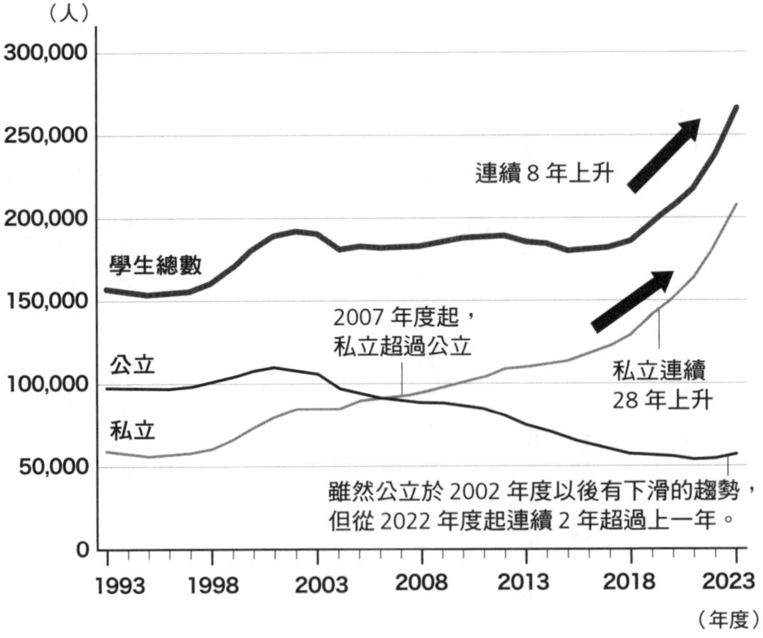

出處：日本文部科學省 2023 年度〈學校基本調查〉。

全國各地的學校都停課或改成線上教學。就算有些學生仍到校上課，擔心被傳染的人也可以選擇線上聽課。這使得『不必去學校』的風氣逐漸傳開。

「如今的社會趨勢也推動了此風氣，學生們不再以沒去上學為恥。不去學校也被認可為一種選擇，於是就帶動了函授制度的人氣。」

最能代表私立函授高中人氣的，是全日本學生最多的N高等學校．S高等學校（按：由角川〔KADOKAWA〕和多玩國共同創辦的線上高中），學生人數超過兩萬七千人。

該校在全日本設有學習基地（可前往校舍面對面上課），並提供媲美專科學校的體驗課程。此外，學校也會舉辦多種活動，線上到實體形式不等，學生們可以從廣泛的選擇中挑選最適合自己的學習方式。

可以盡情的打電玩和追星

函授高中中，私立學校更受到青睞，因為校方會一一配合每個孩子的需求，準備多樣化的課程或教學內容。

儘管公立函授高中的學費更便宜，但是學習方式或課程內容較有限，能入學就讀的學校也因戶籍地等問題而受限。因此與私立相比，公立學校中在職學生的比例較高。

如今學習的方式五花八門，選擇自然也是越多越好。假如孩子們是主動選擇，希望升上函授高中，就可說是非常積極。

不過，在老師們眼中，現實中卻並非完全如此。關東地區一名三十多歲的女老師說：

「聽說函授高中正在嘗試各式各樣的做法。我過去曾待過某所前段的日間部高中，就有學生為了函授高中的聲優課程而轉學，也有學生在輟學後進入專門考大學的函授高中，之後進入了牙醫系。

「有些函授學校看起來就像電影中的海外高中一樣，令人羨慕。

「然而，就我所觀察，大多數學生並非因為胸懷大志才進入函授高中。我現在任職的日間部高中，學力程度不高，每年都會有許多學生中途退學。退學的原因諸如過度沉迷於電玩、日夜顛倒，導致缺席次數增加；或是在追星之後，對校園生活失去興趣。

「詢問這些學生進入函授高中的理由，他們的回答會讓人感到納悶。例如『可以不必在意時間，盡情的打電玩』，或是『可以打很多工，賺錢追星』。假如是為了更有前瞻性的目標而轉學至函授高中，那自然是好事，但以眼前娛樂為優先而選擇函授制度的學生也的確存在。」

國中老師也指出同樣的現象。最近就連正常上學的學童們，也有想去函授高中的傾向。原因是不必早起、不想搭客滿的電車或函授高中課堂數比較少等。

這些動機沒辦法理解成積極的選擇，頂多只是為了短期的享樂而已。

只要能爆紅，怎樣都好

有研究者指出，函授高中的缺點之一，在於結識其他學生的機會很少，無法培養溝通能力。

進入函授高中的學生中，國中、小曾有拒學經驗的學生占半數以上。與其他青少年相比，更容易在溝通上遇到困難。

儘管私立函授高中也有實體課程，可以天天來到學校上課，不過各堂課程還是透過平板教課，即使有社團或學校活動，也難以培育溝通能力。

關東地區一名私立函授高中三十多歲的男老師說：

「我們學校有提供實體課程，不過當我觀察學生時，他們很顯然缺乏常識。特別是那些將網路上的常識誤認為是現實生活常識，做出古怪言行的學生。例如，他們會用網路遊戲實況中的講話方式，模仿教職員或同學說話。當事人或許覺得這樣做很帥氣、會受人歡迎，對周圍的人而言卻只會感到不愉快。

「來函授高中的學生，沉浸於網路上的時間往往比較長。這樣一來，就會將網路上的常識或觀點帶進現實生活中，引起某些麻煩。」

我聽了這番話，想起另一名三十多歲的女老師，曾告訴過我一個小故事。她在某所日間部高中工作，是學力程度低的學校，是所謂的「教育困難校」，學生的學力水平與函授高中相差不大。

這間學校的午休時間，學生們可以輪流在廣播室廣播給全校聽。每天十五分鐘的時間裡，可以播放喜愛的音樂、表演相聲，宣布社團或學校活動等資訊。雖然須事先申請許可，但廣播內容完全由學生自行決定，校方並不干涉。

有一天，某個男學生提出「朗讀文章」的企劃，老師也答應播出。男學生在午休時進入廣播室，特意在麥克風前模仿中國人的腔調朗讀文章。最後還加上了這一句話：「以上是在模仿一年〇班的〇〇同學（中國人）。」

男學生嘲弄中國籍學生的發音，引起其他學生哄堂大笑。

廣播結束後，老師叫住男學生，並說：「今天的廣播內容是不對的吧。這是在嘲笑〇〇同學。你沒想過會傷害到對方嗎？」

男學生愣在原地，一副無法理解的樣子。老師詢問他這麼做的原因，他回答：「可是，這樣做可以爆紅（buzz，原指蜜蜂或蚊蟲的振翅聲，或利用蜂鳴器來引起注意）！這可是年度最佳表演。」

這名男學生，似乎將逗笑其他同學理解成「爆紅」。老師說這不是受不受歡迎的問題，而是不能取笑特定的學生。他回答：「可是，既然都爆紅了，就不完全是壞事吧？」

男學生認為只要能夠受到矚目，做什麼都行，是否傷害別人則是其次。

當老師告訴我這件事後，就苦惱的說：

「好像只要能在社群平臺上炒出熱度，不管做什麼都行。這是人們為了製造話題而造成的麻煩，已經成為一種問題了。

「學生們不只在社群平臺上追求熱度，也想在現實生活中依樣畫葫蘆，並做出了難以讓人置信的行為。尤其是溝通能力較差的學生，更是為了能爆紅而為所欲為。他們往往認為，爆紅之後一切都可以被原諒。

「他們不考慮別人的感受，即使告誡學生們，他們也只會覺得在社群平臺上被認可的事情，放到現實中來做沒什麼不好。就算我們這些教職員懇切、詳細的解釋，也很難說服他們。」

在當今世界存在許多種規則，依所屬的社會而異。校園、社群平臺、家庭的規則等，人們理應理解這些差異，並靈活運用在各式各樣的場合中。不過，溝通能力低落的學生無法做到這一點，於是就將社群平臺上的做法帶進學校。

高中還有挽回的餘地

有些學校也很擔心現今學生的溝通能力，在一般科目的課堂之外，還開設了溝通課程。

課程名稱或內容依學校而異，這是將原本應該在日常生活中學到的相處之道，以課程形式、系統化的傳授給學生。

先前介紹的勇志國際高中，就是每星期舉辦一次溝通課程。採取選修制，募集一年級至三年級的學生，從外部找講師來執教一年。

課程期間，講師會讓學生們演戲，藉此培養多方面的表達能力。不同年級的學生們齊聚一堂，互相交談、編纂劇本、構思布景和音樂、背誦臺詞並扮演某些角色，用全身來表達自我。這個過程中綜合了提升溝通能力的各種要素。

熊本學習中心的西島主任說：

「我們的學生多半抗拒表達自我。他們在國中、小時失敗的經驗造成創傷，或是學校、家庭奪走了溝通的機會，使得他們害怕表露自我。

「現今社會不見得需要像昭和時代一樣密切溝通。有的職業甚至無須跟別人交流，就能完成工作。但並非所有不擅溝通的人都能從事這樣自立更生的職業。

「這就是學校舉辦溝通課程的目的。假如學生本人抱持危機感，想要與人交流或培養自我表達能力，學校至少需要提供這個機會。所以，我們安排選修制的溝通課程，讓有需要的學生參加。」

我曾在不只一所函授高中觀摩溝通課程。課程內容天差地遠，有心理學專家傳授人際關係理想的狀態，有體驗型課程透過擔任義工來實踐，還有的是藉由社會技能訓練（Social Skill Training，縮寫為ＳＳＴ，配合社會狀況採取合適行動的訓練）進行。

不過，課程的難度並不高，幾乎都是基本知識。例如，即便對方做了討厭的事，也要在痛罵對方之前好好詢問理由，或是見到別人時如何打招呼。從這層意義上來看，諷刺的說，就是讓函授高中幫家庭或義務教育所放棄的事情擦屁股。

話雖如此，從基本難度開始並不意味沒有希望。事實上，讓學生在堪稱最後堡壘的函授高中學習溝通，意義十分重大。

西島主任對此表示：

「我們的學生多半是經歷過挫折而來到這裡就讀，很多人都知道自己不擅長什麼，且想要改變現況。不過，他們還缺少了一點勇氣。

「如果能再踏出一步，或是有人從背後推一把，那麼許多學生就能打開一扇新的大門。期盼溝通課程能夠成為他們的力量。」

主任指出，一年的課程能讓許多人煥然一新。在高中這個年紀，確實仍然有挽回的餘地。

7 人人都該讀大學？

過去，日本將學力程度較低的高中被稱為「底層學校」，現在則會委婉的使用「教育困難校」、「課題集中校」及其他詞彙。

這些學校除了日間部高中之外，也包含幾乎可以無條件入學的夜間部高中和函授高中（近年來，農業高中、水產高中及其他高職，為了證照或學習技能而入學的學生比例有所增加，不見得符合這個情況）。

中、高齡者一聽到底層學校，就會聯想到電視劇或漫畫中描繪的流氓學校吧？校舍的牆壁上噴了很多塗鴉、窗戶的玻璃碎掉、有個不良學生正在吸菸。

現在則完全不同。每所教育困難校的外觀都極為平凡，學生們也好好穿著制服上課。然而，這不意味著他們與更高一級或兩級的學校一樣。大多數學生都有家庭或精神層面的問題。

關東地區一所教育困難校四十多歲的男老師說：

「我們學校中，約有七、八成的學生經診斷為發展障礙，或身懷這種特質。具體來說，就是不能好好溝通、自己行動，或是會突然感到恐慌。

「此外，有九成學生來自貧困家庭。班上會有一、兩個家庭沒有得到學費補助，學生就付不起畢業旅行、畢業紀念冊或班費等費用；沒有人替學生做便當，也沒有錢買，有些父母甚至必須讓孩子打工，貼補家用。就算有收入，父母卻亂花錢，連孩子都沒顧到的案例也很多。

「另一點值得注意的是單親家庭。在我的班級中，有五成的學生是單親，若包含再婚家庭，就超過了六成。有時，這些問題結合起來，會導致父母不理解或不配合孩子的教育。」

對不了解教育困難校的人來說，這想必是一時之間難以置信的現實。不過，這名老師的發言絕非誇大。

問題也會因地區而異，我曾走訪過一所東海地區的夜間部高中，那裡有三分之一的學生有外國血統，有些人甚至無法用日語交流。這樣一來，別說是上課，就連休息時間都沒辦法跟其他同學好好聊天。

在這樣的學校裡，老師無法單獨授課，需要有助理、校長、副校長、口譯員或日語老師等人協助，因此，教室中通常會有三名老師。

教職員更像社工

為什麼會發生這樣的事情？一言以蔽之，就是日本的社經差距問題，強烈反映在底層高中的學生身上。

若父母無法負擔教育費用，孩子的學業能力就會下降；如果有虐待，就容易出現類似發展障礙的特質或精神疾病；若受到霸凌或歧視，可能陷入拒學的窘境；父母不關心孩子，生活的根基就會被破壞……假如從年幼時就持續不斷接受這些負面事件，孩子就會脫離正軌，並在內心傷痕累累的狀態下，最終進入教育困難校。

前述的老師說：

「在教育困難校裡，教職員的工作更近似於社福工作，學生幾乎不必用功學習。考試前，老師會事先教測驗的題目和解答，只要讓學生背下來即可。

「除此之外，大部分時間就只是忙著應付學生接連引發的麻煩。像是在學校濫用藥物，或是大叫一聲後一頭撞向玻璃窗。每年也會有幾個孩子離家出走、失蹤。上述情況遠遠超出一介教職員的工作範疇。」

因此，這所學校仰賴專門處理兒童問題的非營利組織支援。這些組織會讓臨床心理師或兒童福祉司（按：主要業務範圍包括保護受虐／受性侵害兒童、兒童教養諮詢、輔導不良少年、提供各種必要協助與指導等。類似於臺灣社工，但專注於兒童發展）常駐在學校，處理當事人或家庭的問題。

其他教育困難校也常見類似的對策。例如，附設兒童食堂、職業介紹所，以及常駐的外籍口譯員等。無論是哪所學校，都無法單憑老師的力量應付，因此不得不尋求民間專業機構的支援。

而現在，教育困難校也迎來新的挑戰。前述的老師提到：

「在少子化嚴重的偏鄉，學力程度最低的學校會大幅減少招生名額，然而，有時入學的人數卻只有招生定額的一半。

「當這種情況發生時，就要跟排名更靠前的學校合併。一般來說，排名更高的學校同樣也會面臨招生人數不足，因此縣政府會安排併校。或許這對縣政府來說更具經濟效益，但是當兩所學校的學生混在一起，會造成很大的麻煩。」

說得難聽點，**底層的教育困難校可說是扮演類似防波堤的角色**。正因為**將有問題的學生們集中於此，學校才能著重於社福工作，而非學習，並彈性應變**，像是接受非營利組織的援助等。

然而，**一旦與其他學校合併，學生就不得不參與普通課程**，並準備大學入學考試，也難以借助民間支援團體的力量。**而受到影響的就是那些有問題的學生**。

從這樣的角度來看可以發現，將所有的高中混為一談，僅僅以成本來考量的做法是有極限的。假如學校的程度有十級，就應該設想十種不同的角色。

那麼，就讀教育困難校的學生，高中畢業後的出路有哪些？

結果或許會讓人感到意外，升上大學、短期大學或職業學校的人數並不少。

根據日本文科省二〇二三年度的統計資料指出，前往大學和職業學校就讀的夜間部高中學生略少於四成，函授高中則有四成多。雖然缺少日間部的數據，不過，一般認為日間部的比例高於夜間部或函授，可以推測有四至七成。

例如，某間位於首都圈的私立教育困難校日間部，約三百人的畢業生中，升上大學約一百二十人、短期大學五人、職業學校一百人，而直接就業的人數為十五人，其餘六十人則是其他情況。

公立教育困難高中的比例也大致相同。偏鄉升學率可能較低，但在都市地區，可以認定升上大學的學生約四成左右，再加上短期大學和職業學校，則可達七成。

招生管道越來越多

促成上述情況的，是號稱「人人唸大學」的時代。近年來，**日本有升大學意願的人數已低於全體大學的招生總額**，因此，所有想上大學的人都能進入大學就讀。

一九九〇年代以後，日本政府放寬法律限制，使得全國各地陸續增設大學。因此，儘管招生定額激增，學生數卻因少子化而減少，最終結果就是只要有意願就可以升學。尤其是學力程度低和偏遠地區的大學，由於入學人數大幅減少，為了維持經營，就允許任何人入學。

九州地區一名五十多歲男教授說：

「排名較低的大學都在拚命求生，哪怕只是多一個人也好，都必須盡可能吸引學生就讀，才能繼續經營。因此，除了入學考以外，還設立各種形式的推薦制度，甚至實施第三次、第四次招生。而入學考通常就只是交出一篇小論文。

「驚人的是，不只是學力低的學生，就連日語不流利的外籍生也錄取。有些學校甚至沒有無障礙設施和措施，卻還是讓聽覺或視覺障礙的學生入學。當這些學生入學就讀，別說是享受大學生活，就連正常聽課都做不到。」

雖然一流大學吸引了號稱世界級人才的優秀青年們，追求革新並熱衷於最尖端的研究，但是，反觀偏鄉的無名大學，卻正在發生這樣的事情。

從教育困難校升上後段大學的學生們，多半欠缺聽課的能力。可以輕易想見，他們進入大學後，就會遇上各種障礙與困難。

這些大學的教職員經常抱怨以下類型的學生：

- 上課時在社群平臺上開直播，問他原因則回答「要直播給沒來的朋友看」。
- 課上到一半突然開始唱歌。
- 母親每天來教室接送。
- 別說是一本書，就連一張講義都看不懂。
- 在圖書館調大手機音量觀看影片。
- 幾乎不參加校內的社團活動。

連高中生活都無法順利度過的學生，升上大學後，出現這樣的情況或許也不令人意外。

即使如此，若大學收不到學生便無法經營下去，所以會無所不用其極。本書前言曾提到，某些大學在開學之前，會開設朋友結交法或社團加入法的課程，入學後則傳授課堂聽講法或參考書購買法，這正是校方拚命確保學生數量而採取的做法。在這樣的情況下，大學教授也難以專心的做研究。

前述的教授認同這一點，但也批評現在大學的態度：

「我認為，任何人都要進入大學的時代是不幸的。每個人與生俱來的能力或類型不同，不擅長讀書的學生原本就存在。這樣的學生應該在國中或高中畢業後找份工作，磨練技藝、自力更生。

「不過，現在不是這樣了。別說是不擅長唸書，就連不會日語或有學習障礙的學生都能進入大學就讀。我們應當早點警覺到，實際上這是在折磨他們。」

教授所謂的「磨練技藝」，除了專業性高的工作外，也包含經營個人商店或從事家族事業等。

的確，過去就讀教育困難校，尤其是高職的學生，大都選擇這樣的出路。漁夫的孩子進入水產高中後成為漁夫、燒肉店的孩子就讀商業高中後繼承燒肉店。

為什麼入行傳統產業的人減少了？單憑上述因素無法完全解釋這個現象。教授表示：「現在這個時代，很難單純仰賴傳統產業謀生。例如，傳統製造業多在國外大量生產後進口，日本人能夠大展身手的地方正在減少，經營個人商店更是困難。

所以，若想獲得足以養家的收入，就只能在企業上班。如此一來，大學學歷就變得十分重要。」

的確，如果無法經營個人商店，唯一的選擇就是到大型超市工作，然而這又需要學歷。

這樣一想就會發現，或許這對學生們來說是一種束縛。就算察覺到自己不適合接受大學教育，為了謀生，也只能將目標放在大學畢業後就業。所以，父母會鼓勵升學，當事人也不得不這麼做。

剛上大學就負債數百萬

現今，領取獎學金的大學生占全體的五成，其中六成是需要還款的借貸型獎學金（按：日本獎學金包括無須償還的獎學金、畢業後需要還款的助學金。後者不僅需要還款，還可能帶有利息，更接近一種政府發放的助學貸款）。而學力程度低的大學，領取獎學金的機率也較高。也就是說，越是面臨困難的學生，就越容易因被迫進入大學就讀，而背負幾百萬日圓的債務。

想到這裡，我不禁思考學校是為了什麼存在，而孩子和學生們所需要的教育又是什麼。

我認為，日本是時候重新審視整個教育體系。

後記
這些新人類，也即將成為大人

一九八〇年代時，我在東京一所公立小學就讀，有一位出生於第二次世界大戰前的魔鬼教師。

這名男老師當時五十多歲，孩子們都背地裡叫他「煞星」（譯註：比喻誰遇上那個老師誰就倒楣）。

這名老師平時會對學童施暴。受害的學生被打到瘀青、流鼻血是家常便飯，甚至有人因挨揍的衝擊力道太大，而導致鼓膜破裂。

如今，這種愚昧舉止會立刻登上全國新聞，但在四十年前的小學，這絕非罕見的光景。其他教職員不會制止，家長也只能自認倒楣。

與那時相比，現在的校園非常安全。這是國家和社會花費漫長歲月，宣導遵守法紀的觀念、消除教職員粗暴言行的結果。

也因為我有這樣的記憶，所以我一點也不懷念「過去的好日子」。過去的學校顯然有更多缺點。若有人問我想送自己的孩子去哪裡，我會說現在的學校。

但是，為什麼現在的學校會出現這麼多拒學、學級崩壞、霸凌、精神疾病及成癮症的情況？說白了，原因就在**社會環境大幅改變，產生不同於以往的問題**。

現今孩子或校園周圍的環境，與幾十年前截然不同。在這人稱「失落三十年」（按：指一九九一年時日本泡沫經濟破滅，以及二〇〇〇年代和二〇一〇年代經濟持續停滯的時期）的時代中，少子化與高齡化加劇、雙薪家庭成為常態、社經差距擴大。**網路的普及，不但讓人們得以接觸龐大的資訊，也徹底改變了人們溝通的方式**。

其中一個象徵，便是書名中的「智慧型手機」。二〇〇八年起，智慧型手機的普及迅速提升人們生活的便利性，讓工作品質大幅提升，而孩子們也同樣享受到了這份好處。

然而，手機也帶來許多負面影響。比如日本文科省〈學校保健統計調查〉中指出，國中、小學生裸眼視力未滿一．〇的比例急速增加。二〇一二年至二〇二二年，短短十年間，國小生近視的比例就從三〇．六八％增加為三七．八八％、國中生從五四．三八％增加為六一．二三％、高中生則從六四．四七％上升為七一．五六％。

在急劇變化的社會中，孩子們要面對的挑戰與過去天差地遠。這是現代家庭或學校中發生的現象。

本書試圖將現代社會對未成年孩子的影響，化為有形的描述。全書分為四章，依托兒所和幼稚園、國小、國中及高中的順序，聽聽老師們的說法，而這個順序是有原因的。

孩子的成長就像堆疊城堡石牆。假如在初期階段出現偏移，石牆就會傾斜或中途崩塌。同樣的，我們需要依序掌握各個年代的生活環境和孩子們承擔的問題，如此才能看清他們的困難是怎麼逐步加劇的。

本書詳細描述了這個過程。不過，總的來說，在談論孩子的問題前，大人無法適應新社會的狀況早已浮上檯面。

隨著資訊化迅速發展，新型通訊技術、新型工作法、新型育兒及新型教育陸續誕生是必然的趨勢。這些事物無疑能為社會帶來不同層次的效率，但這些變化是否豐富了人們的內心或人際關係？相反的，成年人反而被蜂擁而至的大量資訊折騰，失去餘裕，逐漸從家族或社區中孤立，只顧著拚命應付眼前的任務。為了減緩不安並確保自己的時間，人們開始將部分育兒工作外包給其他人，或是委由手機代勞。

這樣看來，當今社會、學校及家庭將孩子周遭的環境變得更理性的同時，也奪走了孩子自然成長的機會。如果孩子們沒有培養出生活在多元社會所需的技能就長大，就會被網路上大量的資訊操弄，只重視性價比或時效比，並且無法保護自己免受其侵害。這樣趨勢在社會底層的孩子身上更為明顯。

可以說，前面提到近年來兒童迅速增加的諸多問題，正是這種情況的結果。**孩子只能在大人創造的環境中生活。既然如此，大人更需要正視這一現實。**

荷蘭哲學家巴魯赫．斯賓諾莎（Baruch de Spinoza）曾說：「**孩子是映照父母的鏡子。**」現今孩童的模樣，反映出現代社會大人們疲於奔命的情況。

本書也觀察到新冠肺炎如何大幅改變學校或家庭的環境。即使疫情消退，許多學校也持續進行線上教學，就連私領域中，親子之間的互動也正在變少。原本就正在減少的現實體驗和面對面交流，更是成為了確定的趨勢。

所謂後疫情時代或新常態的變化，指新冠肺炎後的社會變遷。這種變化往後只會加速，而不會後退。這更加暗示了孩子們周遭的環境，將越來越脫離明和教授所謂「原生人類曾經的居所」。

在這樣的時代，**能否在家庭或學校中培養出具自主性的孩子，將出現決定性的差異**。

能夠走向世界並活躍於多元社會的年輕人，與悶在網路上封閉社群的年輕人，兩者在哪些方面有所不同，讀了本書就能明白。

本書所觀察的孩子們，將在幾年後成年，並進入社會和職場工作。屆時迎接他們的，是我們這些早一步出社會的大人。

現在，已經可以看到年輕的數位原住民在托兒所當老師，對托育工作造成影響。將來，**每年都會有這樣的「新型人類」流進社會，並逐漸成為多數**。

我絲毫不認為，所有現代孩子都比我們這一代差勁。**他們擁有非常高超的資訊處理能力、全球視野及遵守法規的意識**。這顯然是我們這個世代沒有的。

關鍵不在於爭論何者更優秀，而是在認可他們的能力後，準確看清當代社會所欠缺的東西，並有意識的彌補，讓他們培育出自立所需的「綜合能力」。

將本書中採訪對象們所分享的故事，視為極端案例或許很簡單。確實，我家附近公園裡，孩子們不會戴著護頭帽奔跑，家長們也會放下手機，和小孩一起揮汗玩耍。不過，就算這些情況還沒成為常態，也要將其視為前兆。我們該傾聽並思考身為大人該做什麼？還是要將目光避開，安穩過自己的生活？

如今處於時代和社會發生大幅變革的時期，我們被迫做出這樣的選擇。

參考文獻

- 《解開人類發展之謎：從胎兒到人類的未來》（ヒトの発達の謎を解く　胎児期から人類の未来まで），明和政子，筑摩書房出版。
- 《學習是什麼？為了成為「懂得探究的人」》（学びとは何か　〈探究人〉になるために），今井睦美，岩波書店出版。
- 《請不要在大家面前稱讚我：不是不上進，而是太早學會大人的消極，新世代的「好孩子症候群」》（先生、どうか皆の前でほめないで下さい　いい子症候群の若者たち），金間大介，平安文化出版。
- 《角色化／被角色化的孩子們：排除型社會當中的人類新形象》（キャラ化する／される子どもたち　排除型社会における新たな人間像），土井隆義著，岩波書店出版。
- 《教育會勝過遺傳嗎？》（教育は遺伝に勝てるか？），安藤壽康著，朝日新聞出版。

- 《「人各有別」是孤獨：衡量「溫柔和冷漠」的人際關係》（「人それぞれ」がさみしい　「やさしく・冷たい」人間関係を考える』，石田光規，筑摩Premiere出版。
- 《從保健室看父母不知道的孩子們：大人沒察覺到的意外陷阱》（保健室から見える親が知らない子どもたち　大人が気づかない、意外なこころの落とし穴），桑原朱美，青春出版社出版。

國家圖書館出版品預行編目（CIP）資料

智慧型手機養大的孩子：200名托兒所至國高中教師現場直擊：手機陪伴長大的孩子，已經或即將成為怎樣的大人？家長、企業主管必讀。／石井光太著；李友君譯.
--初版, -- 臺北市：任性出版有限公司，2025.04
336頁；14.8×21公分. --（issue；088）
ISBN 978-626-7505-47-2（平裝）

1. CST：青少年問題　2. CST：行動電話
3. CST：網路沈迷

544.6　　113020634

issue 088

智慧型手機養大的孩子

200名托兒所至國高中教師現場直擊：手機陪伴長大的孩子，已經或即將成為怎樣的大人？家長、企業主管必讀。

作　　者｜石井光太
譯　　者｜李友君
責任編輯｜張庭嘉
校對編輯｜黃凱琪
副 主 編｜連珮祺
副總編輯｜顏惠君
總 編 輯｜吳依瑋
發 行 人｜徐仲秋
會 計 部｜主辦會計／許鳳雪、助理／李秀娟
版 權 部｜經理／郝麗珍、主任／劉宗德
行銷業務部｜業務經理／留婉茹、專員／馬絮盈、助理／連玉
行銷企劃／黃于晴、美術設計／林祐豐
行銷、業務與網路書店總監｜林裕安
總 經 理｜陳絜吾

出 版 者｜任性出版有限公司
營運統籌｜大是文化有限公司
臺北市100衡陽路7號8樓
編輯部電話：（02）23757911
購書相關資訊請洽：（02）23757911　分機122
24小時讀者服務傳真：（02）23756999
讀者服務E-mail：dscsms28@gmail.com
郵政劃撥帳號：19983366　戶名：大是文化有限公司

香港發行｜豐達出版發行有限公司　Rich Publishing & Distribut Ltd
香港柴灣永泰道70號柴灣工業城第2期1805室
Unit 1805, Ph. 2, Chai Wan Ind City, 70 Wing Tai Rd, Chai Wan, Hong Kong
電話：21726513　　傳真：21724355
E-mail：cary@subseasy.com.hk

封面設計｜初雨設計
內頁排版｜黃淑華
印　　刷｜韋懋實業有限公司

出版日期｜2025年4月 初版
ISBN｜978-626-7505-47-2
電子書 ISBN｜9786267505458（PDF）
9786267505465（EPUB）

Printed in Taiwan
定價／新臺幣460元
（缺頁或裝訂錯誤的書，請寄回更換）